사회도 독해가 먼저다

초등 **5**학년

교육 R&D에 앞서가는
키출판사

사회도 독해가 먼저인 이유

왜 사회도 독해를 공부해야 할까요?

'사회' 교과서는 학년이 높아질수록 다루는 내용이 깊고 다양해져요.
그래서 '사회'가 점점 더 어렵고 막막하게 느껴질 수 있어요.
새로운 어휘와 개념이 수두룩해서 교과서가 잘 읽히지 않거든요.
'사회'를 쉽게, 제대로, 재미있게 공부하기 위해서는
먼저 중요한 개념과 어휘를 익힌 다음 독해하는 연습이 필요해요.

국어 과목만 독해 연습을 해야 하는 게 아니에요.
낯선 개념과 알아야 할 어휘가 많은 '사회'도 독해 연습이 꼭 필요해요.
<사회도 독해가 먼저다>의 단계적인 독해 연습으로
어렵던 '사회'가 쉽고 재미있어져요!

왜 사회는 개념과 어휘를 익혀야 할까요?

'사회'는 우리가 날마다 보고 듣고 겪는 현상을 두루 다루는 과목이에요.
그래서 알아야 할 개념이 많은 암기 과목이라고 이야기하기도 해요.
그런데 무작정 외우려고 하면 개념이 뒤죽박죽되어 어렵게만 느껴져요.
'사회'에서 다루는 수많은 개념들을 연결된 것끼리 묶어서 덩어리로 보면
개념이 탄탄하게 잡혀서 외우지 않아도 짜임새 있게 기억할 수 있어요.

'사회'는 복잡한 암기 과목이 아니에요.
낯선 어휘와 교과 내용도 개념만 잡으면 술술 이해할 수 있어요.
〈사회도 독해가 먼저다〉의 체계적인 개념 학습으로
막막했던 '사회'가 저절로 이해돼요!

개념을 잡아서 독해와 교과 공부를 한 번에 끝내는 교과 독해 프로그램
〈사회도 독해가 먼저다〉로 공부해야 하는 이유입니다.

〈사회도 독해가 먼저다〉가 특별한 이유

교과서가 쉬워진다!

5학년 사회 교과서 내용을
한 권에 담았어요.

5학년 사회 교과서

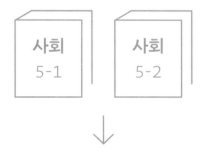

핵심 내용을 한 권에

개념이 잡힌다!

복잡한 교과 개념을 그림으로
한눈에 볼 수 있게 담았어요.

교과서 지문

개념을 잡아 기억하기 쉽게

개념-어휘-독해 3단계 완성

개념 그림으로 쉽게

↓

어휘 문장으로 똑똑하게

↓

독해 읽기+쓰기로 확실하게

서술형 쓰기까지!

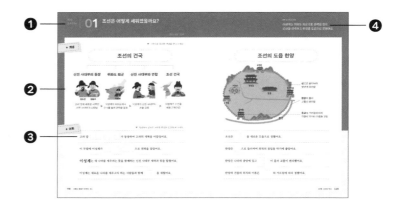

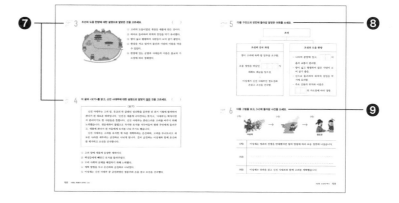

❶ 제목부터 읽어요!
- 알고자 하는 것이 무엇인지 파악할 수 있어요.

❷ 그림으로 개념을 잡아요!
- 핵심 개념을 한눈에 파악하고 그림 덩어리로 기억할 수 있어요.

❸ 문장으로 개념 어휘를 익혀요!
- 어휘를 문장에 직접 넣어 보며 개념을 확실하게 다질 수 있어요.

❹ 한 문장으로 개념을 정리해요!
- 핵심 개념을 한 문장으로 명확하게 정리하여 이해할 수 있어요.

❺ 핵심 개념을 확인하며 글을 읽어요!
- 문단 요약어로 지문에서 다루는 핵심 개념을 미리 확인할 수 있어요.
- 교과서 여러 쪽에 흩어져 있는 내용을 한 편의 지문에 짜임새 있게 담아, 핵심 개념을 분명하게 이해하고 글의 구조를 파악하며 효과적으로 글을 읽을 수 있어요.

❻ 기본 독해력을 키워요!
- **핵심 어휘 찾기**: 독해 지문의 문단별 중심 문장을 확인하고, 중심 문장에 들어갈 핵심 어휘를 찾을 수 있어요.
- **바르게 읽기**: 주어진 지문을 바르게 읽으며 내용을 있는 그대로 정확하게 파악하는 '사실적 이해' 능력을 키울 수 있어요.

❼ 심화 독해력을 키워요!
- **자세히 읽기**: 지문 내용을 자세히 파고들어 읽으며 글의 세부 내용을 구체적으로 파악하는 '분석적 이해' 능력을 키울 수 있어요.
- **깊이 읽기**: <보기> 글과 연결해서 읽으며 주어진 정보를 근거로 삼아 다른 판단을 이끌어 내는 '추론적 이해' 능력을 키울 수 있어요.

❽ 구조도로 요약해요!
- **요약하여 쓰기** [단답형]: 지문을 구조화한 도표 안에 알맞은 어휘를 채우면서 글의 내용을 짜임새 있게 정리할 수 있어요.

❾ 서술형 쓰기까지 익혀요!
- **서술형 쓰기** [서술형]: 이해한 내용을 의도에 맞게 논리적으로 서술하면서 지식을 풀어 쓰는 능력을 키우고 학습 내용을 자기 것으로 만들 수 있어요.

차례

사회도 독해가 먼저다
독해력 높이는
3단계 공부법

쓱 그림을 봐!

핵심 개념이 한눈에 담길 거야.

콕콕 개념 어휘를 넣어 봐!

문장 속 빈칸에 들어갈 말이 바로
공부할 내용의 핵심이 되는 말이야.
한 글자 한 글자 쓰다 보면 개념이 콕콕 박힐 거야.

한 번에 쫙
글을 읽은 후 꼼꼼하게 확인해!

눈에 힘을 딱 주고 집중해서 한 번에 지문을 읽어!
문제를 풀면서 다시 한번 지문을 꼼꼼하게 확인하고
구조도로 글의 전체 구조와 핵심 내용을 정리하면
지문 내용을 완벽하게 내 것으로 만들 수 있어.

어때, 자신 있지?
사회 독해 공부, 시작해 볼까!

국토와 생활

01 우리 국토의 위치와 영역은 어디일까요?

정답과 해설 1쪽

✦ 개념

▼ 그림으로 중요한 개념을 만나 보세요.

우리 국토의 위치

아시아 대륙의
동쪽에 위치함

주변에 러시아, 중국,
일본 등이 있음

북위 33°~43°,
동경 124°~132°
사이에 위치함

✦ 어휘

▼ 개념에서 살펴본 어휘를 문장의 빈칸에 써 보세요.

지도에서 우리 국토의 [ ] 를 찾아요.

우리나라는 [ ] 대륙의 동쪽에 있어요.

우리나라 주변에는 러시아, 중국, [ ] 등이 있어요.

우리나라는 [ ] 33°~43°, [ ] 124°~132° 사이에 위치해 있어요.

우리나라는 아시아 대륙의 동쪽에 위치해 있고,
국토의 영역은 영토, 영해, 영공으로 이루어져 있어요.

우리 국토의 영역

영토

한반도와
주변의 섬들

영해

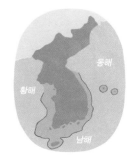

황해, 남해, 동해를 포함한
영토 주변의 바다

영공

우리나라 영토와 영해
위의 하늘

국토의 ☐☐ 은 영토, 영해, 영공으로 이루어져요.

우리나라의 ☐☐ 는 한반도와 주변의 섬들을 포함해요.

우리나라의 ☐☐ 는 황해, 남해, 동해를 포함한 영토 주변의 바다예요.

우리나라의 ☐☐ 은 우리나라의 영토와 영해 위의 하늘이에요.

우리 국토의 위치와 영역은 어디일까요?

▼ 다음 글을 읽고 물음에 답하세요. (1~6)

핵심 개념

우리 국토의 위치

❶ 국토란 한 나라의 땅을 뜻해요. 국토의 위치는 대륙과 해양, 주변 국가와의 관계로 나타낼 수 있어요. 우리 국토는 아시아 대륙의 동쪽, 아시아 대륙과 태평양이 만나는 곳에 위치해 있어요. 우리나라는 삼면이 바다로 둘러싸인 반도 국가로, 대륙과도 연결되어 있고 바다와도 맞닿아 있어서 대륙과 해양으로 나아가기에 유리해요. 우리나라 주변에는 중국, 일본, 러시아 등의 국가가 있어요.

❷ 국토의 위치는 대륙과 해양, 주변 국가와의 관계 외에도 위도와 경도를 이용해 나타낼 수 있어요. 지도와 지구본을 보면 가상의 가로선과 세로선이 그어져 있어요. 가로선인 위선과 세로선인 경선에는 숫자가 쓰여 있는데, 각각 위도와 경도를 나타내요. 위도는 적도를 기준으로 북쪽과 남쪽으로 얼마나 떨어져 있는지를 $0°{\sim}90°$로 나타내고, 경도는 본초 자오선을 기준으로 동쪽과 서쪽으로 얼마나 떨어져 있는지를 $0°{\sim}180°$로 나타내요. 우리 국토는 적도의 북쪽과 본초 자오선의 동쪽에 있으며, 북위 $33°{\sim}43°$, 동경 $124°{\sim}132°$ 사이에 위치해요. 이렇게 위도와 경도로 위치를 표현하면 국토의 위치를 숫자로 정확하게 나타낼 수 있어요.

국토의 영역

❸ 다른 나라의 사람이나 배, 비행기 등이 우리 국토의 영역에 들어오려면 반드시 허가를 받아야 해요. 국토의 영역이란 그 나라의 주권이 미치는 범위로, 국민이 살아가는 터전이에요. 영역은 영토, 영해, 영공으로 이루어져요. 영토는 나라의 주권이 미치는 땅의 영역이에요. 영해는 영토 주변의 바다로, 나라의 주권이 미치는 바다의 영역이에요. 영공은 나라의 주권이 미치는 하늘의 영역으로, 영토와 영해 위의 공간이에요.

우리 국토의 영역

❹ 우리나라의 영토는 한반도와 주변의 섬들을 포함해요. 영토는 영해와 영공을 정하는 기준이 되고, 영토의 끝이 어디인지에 따라 국토의 영역이 정해져요. 따라서 영토의 끝이 어디인지 아는 것이 중요해요. 우리 영토의 동쪽 끝은 경상북도 울릉군 독도, 서쪽 끝은 평안북도 용천군 마안도예요. 또 북쪽 끝은 함경북도 온성군 유원진, 남쪽 끝은 제주특별자치도 서귀포시 마라도이지요. 우리나라의 영해는 황해, 남해, 동해를 포함한 영토 주변 바다의 영역으로, 영해를 설정하는 기준선으로부터 12해리(약 22km)까지예요. 우리나라의 영공은 우리나라의 영토와 영해 위의 하늘이에요.

낱말 풀이

- **반도** 대륙에서 바다 쪽으로 튀어나와 삼면이 바다로 둘러싸인 땅.
- **적도** 지구의 중심을 지나는 자전축과 직각을 이루는 평면이 지표와 만나는 선. 위도 $0°$의 선을 말한다.
- **본초 자오선** 경도를 정하는 기준이 되는 자오선(북극과 남극을 지나 지구 표면을 따라 그린 원의 절반). 경도 $0°$의 선.
- **주권** 다른 나라의 간섭 없이 나라의 중요한 일을 스스로 결정할 수 있는 권리.
- **해리** 바다나 공중에서 거리를 나타내는 단위. 1해리는 1,852m이다.

1 문단별 중심 문장의 빈칸에 들어갈 알맞은 핵심 어휘를 찾아 √표 하세요.

> ### 우리 국토의 위치와 영역은 어디일까요?

❶문단 우리 (   )는 아시아 대륙의 동쪽에 위치한다.
- [ ] 국토
- [ ] 주변 국가

❷문단 우리 국토는 북위 33°~43°, (   ) 124°~132° 사이에 위치한다.
- [ ] 동경
- [ ] 적도

❸문단 국토의 (   )은 영토, 영해, 영공으로 이루어진다.
- [ ] 영역
- [ ] 주권

❹문단 우리나라 영토는 한반도와 주변의 섬들이고, (   )은/는 기준선으로부터 12해리까지이다.
- [ ] 영공
- [ ] 영해

2 이 글을 읽고 알 수 있는 내용으로 알맞은 것에는 ○표, 알맞지 않은 것에는 ✕표 하세요.

(1) 우리나라의 남쪽 끝 영토는 마라도이다. ─────────────────── (   )

(2) 우리나라 영해는 기준선으로부터 12해리까지이다. ─────────── (   )

(3) 국토의 영역은 한 나라의 주권이 미치는 땅의 영역만을 말한다. ──── (   )

(4) 국토의 위치는 대륙과 해양, 주변 국가와의 관계, 위도와 경도를 이용해 나타낼 수 있다. ──────────────────────────── (   )

자세히
읽기

3 우리 국토의 위치를 나타낸 다음 지도의 ㉠과 ㉡에 들어갈 말이 알맞게 짝지어진 것을 고르세요.
( )

	㉠	㉡
①	북위 33°	동경 132°
②	경도 132°	위도 33°
③	동경 132°	적도
④	동경 132°	북위 33°
⑤	서경 132°	남위 33°

깊이
읽기

4 이 글과 <보기>를 읽고, 우리 국토의 영역에 대한 설명으로 알맞은 것을 고르세요. ( )

〈보기〉

– 우리나라의 영해의 범위는 기준선으로부터 12해리로, 동해, 황해, 남해에 걸쳐 있습니다. 해안에 따라 기준선이 다른데, 섬이 적고 해안선이 단조로운 동해안은 썰물일 때의 해안선이 기준입니다. 반면 섬이 많고 해안선이 복잡한 서해안과 남해안은 가장 바깥에 있는 섬들을 직선으로 이은 선을 기준으로 정하고 있습니다.
– 우리 영토의 동쪽 끝은 경상북도 울릉군 독도입니다. 독도가 속한 영해 위의 하늘은 대한민국의 영공으로, 다른 나라 비행기가 허가 없이 지날 수 없습니다. 그런데 2019년에 러시아 전투기가 독도 영공을 침범하는 일이 일어나 우리 군이 경고 사격을 하는 일이 발생했습니다.

① 영공은 영토 위의 하늘을 말한다.
② 우리나라의 남쪽 끝 영토는 독도이다.
③ 동해안과 서해안은 영해의 범위를 정하는 기준선이 다르다.
④ 우리나라 영해의 범위는 기준선으로부터 약 22해리까지이다.
⑤ 다른 나라의 영토와 영해에 들어가려면 허가가 필요하지만 영공은 자유롭게 드나들 수 있다.

5 다음 구조도의 빈칸에 들어갈 알맞은 어휘를 쓰세요.

국토의 위치와 영역

우리 국토의 위치

– 아시아 대륙의 동쪽에 위치한다.
– 주변에 중국, 일본, 러시아 등이 위치한다.
– ☐ ☐ 33°~43°, 동경 124°~132° 사이에 위치한다.

우리 국토의 영역

– 영토: ☐ ☐ ☐ 와 주변의 섬들
– 영해: 황해, 남해, 동해를 포함한 영토 주변 바다(영해 설정 기준선으로부터 12해리까지)
– ☐ ☐ : 우리나라의 영토와 영해 위에 있는 하늘

6 아래 지도를 보고 알 수 있는 우리나라 위치의 장점을 쓰세요.

〈조건〉
1. '~ 유리합니다.'의 형식에 맞추어 쓰세요.
2. 한 문장으로 쓰세요.

　우리나라는 아시아 대륙과 태평양이 만나는 곳에 위치해 있으며, 삼면이 바다로 둘러싸여 있습니다.

　이러한 위치 때문에 ＿＿＿＿＿

＿＿＿＿＿＿＿＿＿＿＿

＿＿＿＿＿＿＿＿＿＿＿

02 우리 국토를 어떻게 구분할 수 있을까요?

정답과 해설 2쪽

✦ 개념

▼ 그림으로 중요한 개념을 만나 보세요.

자연환경에 따른 구분

우리 국토의 지역 구분

북부 지방

중부 지방

남부 지방

휴전선

소백산맥

금강

전통적인 지역 구분

관북
관서
해서
관동
경기
호서
영남
호남

철령관

의림지

조령

금강

✦ 어휘

▼ 개념에서 살펴본 어휘를 문장의 빈칸에 써 보세요.

우리 국토를 산맥, 하천 등 [   ]에 따라 구분할 수 있어요.

자연환경에 따라 [   ] · 중부 · 남부 지방으로 구분할 수 있어요.

[   ] 지 역 구 분 도 자연환경에 따라 이뤄졌어요.

전통적으로 관서 · 관북 · 관동 · 해서 · 경기 · 호서 · 호남 · [   ] 지방으로 구분했어요.

우리 국토를 자연환경과 행정 구역에 따라
여러 지역으로 구분할 수 있어요.

행정 구역에 따른 구분

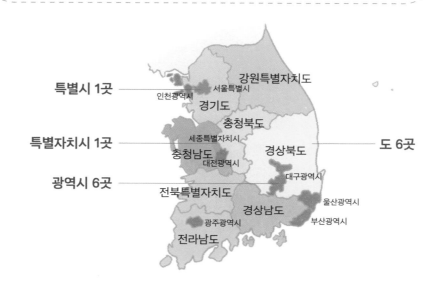

특별시 1곳

특별자치시 1곳

광역시 6곳

도 6곳

특별자치도 3곳

• 행정 구역 변경 내용 반영 (2024년 1월 기준)
2023년 6월 11일 강원도의 행정 구역 명칭이 강원특별자치도로
변경된 내용과 2023년 7월 1일 경상북도 군위군이 대구광역시에
편입된 내용, 2024년 1월 18일 전라북도의 행정 구역 명칭이 전
북특별자치도로 변경된 내용을 반영하였습니다.

우리 국토를 [   ] [   ] 에 따라 구분할 수 있어요.

우리나라 행정 구역은 특별시, 특별자치시, 광역시, [   ], 특별자치도로 이루어져 있어요.

우리나라 행정 구역은 특별시 [   ] 곳, 특별자치시 1곳으로 이루어져 있어요.

우리나라 행정 구역은 광역시 [   ] 곳, 도 6곳, 특별자치도 3곳으로 이루어져 있어요.

우리 국토를 어떻게 구분할 수 있을까요?

▼ 다음 글을 읽고 물음에 답하세요. (1~6)

핵심 개념

**우리 국토의
지역 구분**

① 특정 지역의 위치를 설명할 때는 국토를 크게 나누어 살펴보면 편리해요. 국토는 일정한 기준에 따라 구분하는데, 우리 국토는 자연환경이나 행정 구역에 따라 여러 지역으로 구분할 수 있어요.

**자연환경에 따른
지역 구분**

② 남북으로 긴 우리 국토는 큰 산맥과 하천 등 자연환경을 중심으로 크게 북부 지방, 중부 지방, 남부 지방으로 구분할 수 있어요. 북부 지방은 휴전선 북쪽으로, 지금의 북한 지역을 말해요. 중부 지방은 휴전선 남쪽부터 소백산맥과 금강 하류까지의 지역을 말하고, 남부 지방은 중부 지방의 남쪽 지역이에요.

**전통적인
지역 구분**

③ 우리 국토에는 높은 산맥과 고개, 강과 바다가 많아요. 이러한 자연환경은 사람들의 생활에 많은 영향을 주었기 때문에 오래전부터 지역을 구분하는 기준이 되었어요. 이에 따라 우리나라는 관서, 관북, 관동, 해서, 경기, 호서, 호남, 영남 지방으로 지역을 구분했어요. 관서, 관북, 관동 지방은 철령관을 기준으로 나뉜 지역이에요. 철령관은 외적의 침입을 막기 위해 철령이라는 고개에 지었던 요새로, 철령관의 북쪽 지역은 관북 지방, 서쪽 지역은 관서 지방, 동쪽 지역은 관동 지방이라고 했어요. 관동 지방은 태백산맥을 기준으로 다시 동쪽인 영동 지방과 서쪽인 영서 지방으로 나눴어요. 왕이 살던 도읍과 주변 지역은 경기 지방이라고 하고, 도읍에서 바다 건너 서쪽에 있는 지역은 해서 지방이라고 했어요. 호남 지방은 옛날에 호강이라고 불렸던 금강의 남쪽 지역이고, 금강 또는 의림지라는 호수를 기준으로 서쪽 지역은 호서 지방이라고 했어요. 한편 영남 지방은 조령의 남쪽에 있는 지역이에요. 이러한 전통적인 지역 구분은 호남선, 영동 고속 도로 등 오늘날 사용되는 여러 명칭에 남아 있을 뿐 아니라 행정 구역을 정하는 기초가 되었어요.

**행정 구역에 따른
지역 구분**

④ 행정 구역은 나라를 효율적으로 관리하기 위해 나눈 지역이에요. 오늘날 우리나라의 행정 구역은 북한을 제외하면 특별시 1곳, 특별자치시 1곳, 광역시 6곳, 도 6곳과 특별자치도 3곳으로 이루어져 있어요. 특별시, 특별자치시, 광역시에는 시의 행정을 맡아 보는 시청이 있고, 도와 특별자치도에는 도의 행정을 맡아 보는 도청이 있어요. 시청과 도청이 있는 지역은 대부분 행정 구역의 중심 도시 역할을 해요.

낱말 풀이

• **행정 구역** 행정(정부에서 법에 따라 나라의 살림살이를 하는 것) 기관의 범위가 미치는 일정한 구역.
• **조령** 경상북도 문경시와 충청북도 괴산군 사이에 있는 고개. 문경 새재라고도 한다.

1 핵심 어휘 찾기

문단별 중심 문장의 빈칸에 들어갈 알맞은 핵심 어휘를 찾아 √표 하세요.

우리 국토를 어떻게 구분할 수 있을까요?

❶문단 우리 국토는 자연환경이나 (　　　)에 따라 여러 지역으로 구분할 수 있다.
- ☐ 행정 구역
- ☐ 산맥과 하천

❷문단 우리 국토는 자연환경을 중심으로 크게 북부 지방, (　　　), 남부 지방으로 구분할 수 있다.
- ☐ 서부 지방
- ☐ 중부 지방

❸문단 우리나라는 전통적으로 (　　　)에 따라 관서, 관북, 관동, 해서, 경기, 호서, 호남, 영남 지방으로 지역을 구분했다.
- ☐ 자연환경
- ☐ 행정 구역

❹문단 우리나라 (　　　)은/는 특별시, 특별자치시, 광역시, 도, 특별자치도로 이루어져 있다.
- ☐ 중심 도시
- ☐ 행정 구역

2 바르게 읽기

이 글을 읽고 알 수 있는 내용으로 알맞은 것에는 ○표, 알맞지 않은 것에는 ✕표 하세요.

(1) 우리나라에는 특별시 6곳이 있다. ──────── (　　　)

(2) 특별시, 특별자치시, 광역시에는 시청이 있다. ──────── (　　　)

(3) 중부 지방은 소백산맥과 금강 하류의 남쪽 지역이다. ──────── (　　　)

(4) 관동 지방은 태백산맥을 기준으로 영동 지방과 영서 지방으로 나뉜다. ──────── (　　　)

3 다음 우리나라 지도의 ㉠ 지방에 대한 설명으로 알맞지 <u>않은</u> 것을 고르세요.　（　　）

① 태백산맥의 동쪽 지역이다.

② 관동 지방에 포함된 지역이다.

③ 자연환경에 따라 구분된 지역이다.

④ 금강 또는 의림지라는 호수의 서쪽 지역이다.

⑤ 전통적인 지역 구분에서 영동 지방에 해당한다.

4 이 글과 <보기>를 읽고 알 수 있는 내용으로 알맞은 것을 고르세요.　（　　）

〈보기〉

　　우리가 오늘날 사용하는 행정 구역의 이름은 조선 시대의 8도에서 비롯됐습니다. 조선 시대에는 전국을 경기도, 충청도, 전라도, 경상도, 강원도, 황해도, 평안도, 함경도의 8도로 나누었는데, 경기도를 제외한 각 도의 이름은 그 지역에서 중심지 역할을 하는 두 도시의 앞 글자를 따서 정했습니다. 즉, 함경도는 함흥과 경성, 평안도는 평양과 안주, 황해도는 황주와 해주, 강원도는 강릉과 원주, 충청도는 충주와 청주, 전라도는 전주와 나주, 경상도는 경주와 상주의 앞 글자를 따서 만든 이름입니다.

조선 시대의 행정 구역

① 강릉과 원주는 경상도의 중심지 역할을 했다.

② 조선 시대 8도의 이름은 산맥과 고개, 강 등의 이름을 따서 정해졌다.

③ 오늘날 우리나라 행정 구역의 이름은 조선 시대의 8도에서 비롯되었다.

④ 경기도라는 명칭은 경기도의 중심지 역할을 하는 두 도시의 앞 글자를 따서 정해졌다.

⑤ 조선 시대 8도와 오늘날 도 6곳 등으로 이루어진 행정 구역은 남북한을 아우른 것이다.

5 다음 구조도의 빈칸에 들어갈 알맞은 어휘를 쓰세요.

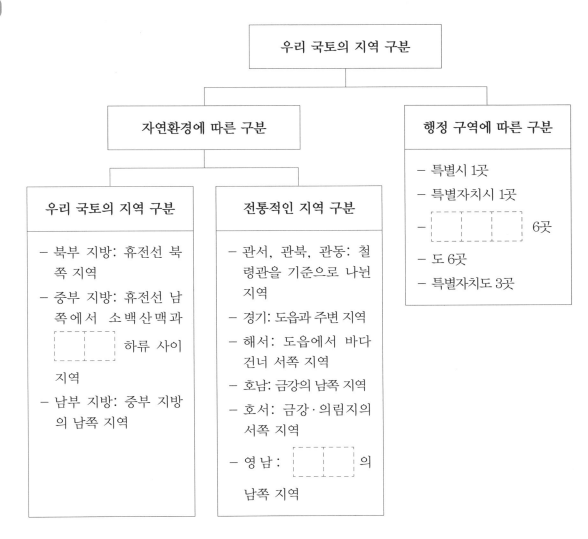

우리 국토의 지역 구분

자연환경에 따른 구분

행정 구역에 따른 구분
- 특별시 1곳
- 특별자치시 1곳
- [   ] 6곳
- 도 6곳
- 특별자치도 3곳

우리 국토의 지역 구분
- 북부 지방: 휴전선 북쪽 지역
- 중부 지방: 휴전선 남쪽에서 소백산맥과 [   ] 하류 사이 지역
- 남부 지방: 중부 지방의 남쪽 지역

전통적인 지역 구분
- 관서, 관북, 관동: 철령관을 기준으로 나눈 지역
- 경기: 도읍과 주변 지역
- 해서: 도읍에서 바다 건너 서쪽 지역
- 호남: 금강의 남쪽 지역
- 호서: 금강·의림지의 서쪽 지역
- 영남: [   ] 의 남쪽 지역

6 우리나라의 전통적인 지역 구분에서 호서 지방의 기준과 위치를 쓰세요.

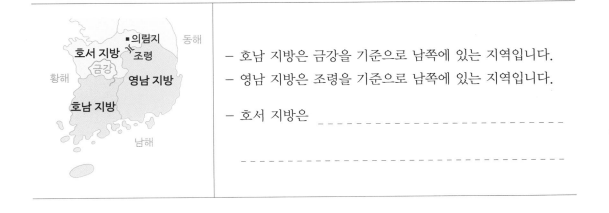

- 호남 지방은 금강을 기준으로 남쪽에 있는 지역입니다.
- 영남 지방은 조령을 기준으로 남쪽에 있는 지역입니다.

- 호서 지방은 _____

_____

03 우리나라의 지형과 기후는 어떤 특징이 있을까요?

✦ 개념

▼ 그림으로 중요한 개념을 만나 보세요.

우리나라의 지형

산지

북쪽과 동쪽에
높은 산지가 많다

평야

남쪽과 서쪽에
낮은 평야가 많다

하천

남쪽과 서쪽으로
하천이 흐른다

해안

서해안, 동해안,
남해안이 있다

✦ 어휘

▼ 개념에서 살펴본 어휘를 문장의 빈칸에 써 보세요.

우리나라의 북쪽과 동쪽에는 높은 ☐☐ 가 많아요.

우리나라의 남쪽과 서쪽에는 낮은 ☐☐ 가 많아요.

우리나라의 주요 ☐☐ 은 대부분 남쪽과 서쪽으로 흘러요.

우리나라는 삼면이 바다로 둘러싸여 있어 세 개의 ☐☐ 이 나타나요.

우리나라의 기후

기온 차가 크다

계절에 따라

여름   겨울

여름에는 기온이 높고
겨울에는 기온이 낮다

지역에 따라

북쪽으로 갈수록
기온이 낮다

강수량 차가 크다

계절에 따라

여름   겨울

여름에
강수량이 많다

지역에 따라

남부 지방의
강수량이 많다

우리나라 기후는 계절과 지역에 따라 [   ] 차가 커요.

여름에는 기온이 높고 겨울에는 기온이 낮으며, [   ]으로 갈수록 기온이 낮아져요.

우리나라 기후는 계절과 지역에 따라 [   ] 차가 커요.

겨울보다 [   ]에 강수량이 많고, 남부 지방의 강수량이 많아요.

우리나라의 지형과 기후는 어떤 특징이 있을까요?

▼ 다음 글을 읽고 물음에 답하세요. (1~6)

핵심 개념

지형

❶ 우리가 살고 있는 땅의 생김새는 다양해요. 높은 산들이 모여 이룬 산지가 있고, 넓고 평탄한 평야도 있어요. 물이 모여 흐르는 하천과, 바다와 맞닿은 해안도 있지요. 이와 같은 여러 가지 땅의 생김새를 지형이라고 해요. 우리나라의 지형에는 어떤 특징이 있을까요?

우리나라의 지형

❷ 우리 국토의 약 70%는 산지로 이루어져 있어요. 높은 산지는 주로 북쪽과 동쪽에 있고, 낮은 평야는 남쪽과 서쪽에 발달했어요. 그래서 우리나라 지형은 전체적으로 동쪽이 높고 서쪽이 낮은 모습이에요. 하천은 높은 산지에서 시작되어 낮은 곳을 따라 흘러요. 때문에 우리나라의 큰 하천은 대부분 남쪽과 서쪽으로 흘러가지요. 하천의 하류에는 넓은 평야가 발달하는데, 평야에는 농사지을 땅이 넓게 나타나고 일찍부터 사람들이 모여 살며 도시가 발달했어요. 한편 우리나라는 삼면이 바다와 맞닿아 있어서 서해안, 동해안, 남해안이 나타나요. 세 해안은 해안선의 모습이나 발달한 지형이 서로 달라요. 서해안은 해안선이 복잡하고 갯벌이 발달했어요. 남해안은 해안선이 복잡하고 크고 작은 섬이 많아요. 동해안은 해안선이 단순하고 모래사장이 길게 발달했어요.

우리나라의 기후

❸ 우리나라 기후는 어떤 특징이 있을까요? 기후란 한 지역에서 여러 해에 걸쳐 나타난 기온, 비, 눈, 바람 등 대기의 평균적인 상태를 말해요. 우리나라는 사계절이 뚜렷하고, 사람들이 살기 좋은 기후가 나타나요. 그리고 계절과 지역에 따라 기온과 강수량의 차이가 크다는 특징이 있어요.

우리나라 기온의 특징

❹ 우리나라는 계절에 따라 기온 차이가 커요. 여름에는 덥고, 겨울에는 추우며, 봄과 가을에는 대체로 온화해요. 계절뿐 아니라 지역에 따라서도 기온 차이가 커요. 우리나라는 국토가 남북으로 길어 남쪽과 북쪽 지역 간의 기온 차이가 크고, 대체로 북쪽으로 갈수록 기온이 낮아져요. 동쪽과 서쪽 지역 간에도 기온이 달라 겨울철 동해안이 서해안보다 따뜻해요. 동해의 수심이 깊고 수온이 높은 데다, 차가운 북서풍을 태백산맥이 막아 주기 때문이에요.

우리나라 강수량의 특징

❺ 우리나라는 계절에 따라 강수량 차이도 커요. 우리나라는 장마와 태풍의 영향으로 여름철에 연평균 강수량의 절반 이상이 집중돼요. 겨울에는 강수량이 적지만 제주도나 울릉도, 영동 지방 등은 눈이 많이 내려 겨울에도 강수량이 많은 편이에요. 지역에 따라서도 강수량이 다른데, 대체로 북부 지방보다는 남부 지방의 강수량이 많아요.

낱말 풀이

• **대기** 지구를 둘러싸고 있는 모든 공기.
• **강수량** 비, 눈 등으로 일정 기간 일정한 곳에 내린 물의 양.

1 문단별 중심 문장의 빈칸에 들어갈 알맞은 핵심 어휘를 찾아 √표 하세요.

> ### 우리나라의 지형과 기후는 어떤 특징이 있을까요?

❶문단 산지, 평야, 하천, 해안 등 여러 가지 땅의 생김새를 (　　　)
(이)라고 한다.

☐ 기후
☐ 지형

❷문단 우리나라의 지형은 동쪽이 높고 (　　　)이 낮으며, 세 해안
의 모습이 다르다.

☐ 북쪽
☐ 서쪽

❸문단 우리나라 (　　　)은/는 사계절이 뚜렷하고, 기온과 강수량의
차이가 크다.

☐ 기후
☐ 지형

❹문단 우리나라는 계절과 (　　　)에 따라 기온 차이가 크다.

☐ 지역
☐ 하천

❺문단 우리나라는 계절과 지역에 따라 (　　　)의 차이가 크다.

☐ 태풍
☐ 강수량

2 이 글을 읽고 알 수 있는 내용으로 알맞은 것에는 ○표, 알맞지 않은 것에는 ✕표 하세요.

(1) 우리 국토는 대부분 산지로 이루어져 있다. ──────── (　　　)

(2) 동해안은 해안선이 단순하고 갯벌이 발달했다. ──────── (　　　)

(3) 우리나라는 장마와 태풍의 영향으로 여름철에 강수량이 특히 많다. ───── (　　　)

(4) 기후는 한 지역에서 여러 해에 걸쳐 나타난 대기의 평균적인 상태를 말한다. ── (　　　)

3 우리나라 기후의 지역에 따른 특징으로 알맞은 것을 고르세요.　　　　　　（　　　）

① 겨울철에는 동해안이 서해안보다 춥다.

② 대체로 북쪽으로 갈수록 기온이 높아진다.

③ 동쪽과 서쪽 지역 간의 강수량 차이가 크다.

④ 대체로 남부 지방보다 북부 지방의 강수량이 많다.

⑤ 울릉도는 눈이 많이 내려 겨울에 강수량이 많은 편이다.

4 이 글과 <보기>를 읽고, 우리나라의 지형에 대한 설명으로 알맞지 <u>않은</u> 것을 고르세요. （　　　）

〈보기〉

산지
평야
해안

　　　　우리 국토의 서쪽은 대체로 낮고 평탄해서 사람들이 많이 모여 삽니다. 우리나라 서쪽에 위치한 호남평야, 나주평야 등에서는 논농사가 크게 발달했습니다. 주로 북동쪽에 위치한 산지에서는 임업을 하거나 가축을 기르고, 스키장을 만들어 여가를 누리기도 합니다. 한편 강물이 빠르게 흐르는 하천의 상류에는 다목적 댐을 세워 홍수와 가뭄에 대비하고, 물살을 이용해 래프팅을 즐기기도 합니다.

　　　　해안에서는 어업이 활발히 이루어집니다. 또 배를 타고 이동하기 편리해 부산 등 항구 도시가 발달하기도 합니다. 우리나라에서는 해안마다 다르게 발달한 지형을 활용해 여러 활동을 합니다. 파도가 잔잔하고 물이 깨끗한 남해안에서는 김, 조개 등을 양식하고, 모래사장이 넓게 펼쳐진 동해안에는 해수욕장을 만들어 관광지로 개발합니다. 서해안은 갯벌이 넓어서 해산물을 채취하거나 염전을 만들기 좋고, 갯벌을 흙으로 메워 공장을 세우거나 농경지로 이용하기도 합니다.

① 우리 국토의 서쪽은 평야가 많아 사람들이 많이 모여 산다.

② 우리 국토의 대부분인 산지에서는 논농사가 크게 발달했다.

③ 우리나라 지형은 전체적으로 동쪽이 높고 서쪽이 낮은 모습이다.

④ 하천의 하류에는 넓은 평야가 발달하고, 상류에는 다목적 댐을 짓기도 한다.

⑤ 동해안, 서해안, 남해안은 발달한 지형에 따라 해수욕장이나 염전 등으로 다양하게 이용된다.

5 다음 구조도의 빈칸에 들어갈 알맞은 어휘를 쓰세요.

우리나라의 지형과 기후

우리나라의 지형

- 산지: 북쪽, 동쪽에 발달했다.
- [ㅁㅁ]: 남쪽, 서쪽에 발달했다.
- 하천: 남쪽, 서쪽으로 흐른다.
- 해안: 서해안과 남해안은 해안선이 복잡하고, 동해안은 해안선이 단순하다.

우리나라의 기후

기온:
- 여름에 높고, 겨울에 낮다.
- [ㅁㅁ]으로 갈수록 낮아진다.
- 겨울철 동해안이 서해안보다 높다.

강수량:
- [ㅁㅁ]에 많고, 겨울에 적다.
- 남부 지방이 북부 지방보다 많다.

6 다음 세 지역의 강수량 그래프를 보고, 우리나라 강수량의 특징을 쓰세요.

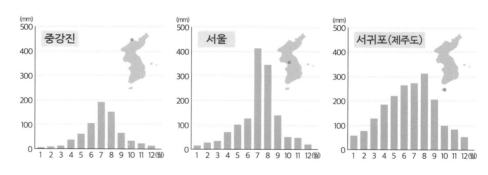

우리나라 강수량의 특징	- 지역별로 보면 북부 지방에서 남부 지방으로 갈수록 _____ 편이다. - 계절별로 보면 _____ _____ 편이다.

04 우리나라의 인구는 어떻게 변화했을까요?

정답과 해설 4쪽

✦ 개념

▼ 그림으로 중요한 개념을 만나 보세요.

인구 분포의 변화

1960년대 이전 ▶ **1960년대 이후**

북동부

남서부

농업 사회
평야가 많은 남서부 지역에
인구가 많았다

도시

촌락

산업 발달
일자리가 많은 도시에
인구가 많아졌다

✦ 어휘

▼ 개념에서 살펴본 어휘를 문장의 빈칸에 써 보세요.

우리나라는 시기와 지역에 따라 **인구 분포**가 달라졌어요.

1960년대 이전에는 ☐☐ ☐☐로, 평야가 많은 남서부 지역에 인구가 많았어요.

1960년대 이후로 우리나라는 ☐☐이 발달하기 시작했어요.

그러자 일자리가 많은 ☐☐에 인구가 많아졌어요.

오늘날 우리나라는 인구가 도시에 몰려 있고
노년층 인구 비율이 크게 높아졌어요.

인구 구성의 변화

1960년대　▶　2020년대

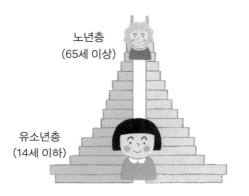

노년층
(65세 이상)

유소년층
(14세 이하)

유소년층 인구 비율이 높았다

노년층 인구 비율이 높아졌다
저출산·고령화 현상이 뚜렷해졌다

우리나라는 시기에 따라 **인구 구성**도 많이 달라졌어요.

1960년대에는 노년층보다 [　　　　] 인구 비율이 높았어요.

2020년대에는 [　　　] 인구 비율이 크게 높아졌어요.

오늘날 우리나라는 [　　　]·[　　　] 현상이 뚜렷해졌어요.

우리나라의 인구는 어떻게 변화했을까요?

핵심 개념

인구

❶ 우리나라는 도시와 촌락 중 어디에 사람이 더 많이 살고 있을까요? 또 어린이와 노인 중 어느 인구의 수가 더 많을까요? 인구란 일정한 지역에 사는 사람의 수를 뜻해요. 우리나라는 인구 대부분이 도시에 살고 있어요. 그리고 어린이의 수보다 노인의 수가 많아요. 하지만 예전에는 그렇지 않았어요. 인구 분포와 인구 구성은 시기와 지역에 따라 변화해요.

인구 분포의 변화

❷ 인구 분포는 어느 곳에 얼마나 많은 사람이 모여 살고 있는지를 나타낸 것이에요. 우리나라는 1960년대까지 벼농사를 중심으로 하는 농업 사회였어요. 따라서 기후가 온화하고 평야가 발달하여 벼농사에 유리한 남서부 지역에 인구가 많았어요. 반면 북동부의 산지 지역은 인구 밀도가 낮았지요.

❸ 우리나라는 1960년대 이후 산업화가 이루어지면서 인구 분포에 변화가 크게 나타났어요. 산업화란 농업 중심의 사회에서 공업과 서비스업 중심의 사회로 변하는 현상을 말해요. 산업이 발달하면서 촌락에 사는 사람들이 일자리가 많은 도시로 이동했어요. 그 결과 수도권과 부산, 대구, 광주, 울산 등 대도시에 인구가 빠르게 늘어 인구 밀도가 높아졌어요. 반면에 산지 지역과 농어촌 지역의 인구 밀도는 낮아졌어요. 오늘날 서울을 중심으로 수도권에 우리나라 전체 인구의 절반 정도가 살고 있어요. 이와 같이 오늘날에는 자연환경보다 일자리, 교통 등과 같은 인문환경이 인구 분포에 더 많은 영향을 주고 있어요.

인구 구성의 변화

❹ 우리나라는 시기별로 인구 구성에 변화가 나타났어요. 인구 구성은 일정한 지역에 사는 인구를 남녀나 연령 등의 기준으로 나누어 본 짜임새를 말해요. 인구 구성은 연령별로 크게 14세 이하의 유소년층과 65세 이상의 노년층, 그 사이에 해당하는 청장년층으로 나눌 수 있어요. 1960년대 우리나라는 출생률과 사망률이 높아서 유소년층의 인구 비율은 높고 노년층의 인구 비율은 낮았어요. 하지만 갈수록 태어나는 아이의 수가 줄어들면서 유소년층 인구 비율은 계속해서 낮아졌고, 평균 수명이 늘어나 노년층 인구 비율은 점점 높아졌어요. 오늘날 우리나라는 출생률이 낮고, 전체 인구 중 노년층 인구 비율이 높은 저출산·고령화 현상이 뚜렷해졌어요.

낱말 풀이

• **인구 밀도** 일정한 넓이 안에 거주하는 인구수의 비율. 인구가 모여 있는 정도를 나타낸다.
• **수도권** 수도와 수도 주변을 의미하는 말로, 보통은 서울, 인천, 경기도를 말한다.
• **출생률** 일정한 기간에 태어난 사람의 수가 전체 인구에 대하여 차지하는 비율.
• **고령화** 한 사회에서 65세 이상의 노인 인구 비율이 증가하는 현상.

1

문단별 중심 문장의 빈칸에 들어갈 알맞은 핵심 어휘를 찾아 √표 하세요.

> ### 우리나라의 인구는 어떻게 변화했을까요?

❶문단 (   )와/과 인구 구성은 시기와 지역에 따라 변화한다.

☐ 자연환경
☐ 인구 분포

❷문단 우리나라는 1960년대까지 평야가 발달한 남서부 지역에 (   )이/가 높았다.

☐ 인구 구성
☐ 인구 밀도

❸문단 우리나라는 1960년대 이후 산업이 발달하면서 수도권과 (   )의 인구 밀도가 높아졌다.

☐ 농어촌
☐ 대도시

❹문단 우리나라의 (   )은/는 유소년층 인구 비율은 낮아지고, 노년층 인구 비율은 높아지고 있다.

☐ 인구 구성
☐ 인구 분포

2

이 글을 읽고 알 수 있는 내용으로 알맞은 것에는 ○표, 알맞지 않은 것에는 ×표 하세요.

(1) 우리나라는 산업화 이후 촌락의 인구 밀도가 높아졌다. ⸻⸻ (   )

(2) 오늘날 우리나라 전체 인구의 절반 정도가 수도권에 살고 있다. ⸻ (   )

(3) 연령별 인구 구성은 유소년층, 청장년층, 노년층으로 이루어진다. ⸻ (   )

(4) 우리나라는 1960년대 이후 유소년층의 인구 비율이 계속해서 높아지고 있다. ⸻⸻ (   )

자세히
읽기 **3** 오늘날 우리나라의 저출산·고령화 현상이 뚜렷해진 까닭으로 알맞은 것을 고르세요. (　　)

① 벼농사를 중심으로 하는 농업 사회가 되었기 때문이다.

② 인구 분포가 자연환경의 영향을 많이 받게 되었기 때문이다.

③ 산업이 발달하면서 촌락 사람들이 도시로 이동했기 때문이다.

④ 인구의 대부분이 수도권과 대도시에 집중되어 있기 때문이다.

⑤ 출생률이 낮아져 유소년층 인구 비율이 낮아졌고, 평균 수명이 늘어나 노년층 인구 비율이 높아졌기 때문이다.

깊이
읽기 **4** 이 글과 <보기>를 읽고 알 수 있는 내용으로 알맞지 <u>않은</u> 것을 고르세요. (　　)

〈보기〉

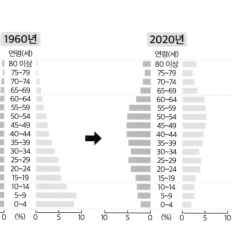

1960년 인구 피라미드

(출처: 통계청, 2021)

2020년 인구 피라미드

　　인구 피라미드는 연령별, 남녀별 인구 비율을 피라미드 모양으로 나타낸 그래프입니다. 인구 피라미드를 보면 인구 구성의 특징과 변화를 한눈에 알 수 있습니다.

　　인구 피라미드의 세로축은 연령별 인구 비율을 나타내며, 아래에서 위로 갈수록 연령이 높아집니다. 가로 막대의 폭이 길수록 그 연령층의 인구 비율이 높다는 것을 의미합니다.

① 1960년에 비해 2020년에 출생률이 낮아졌다.

② 인구 피라미드를 보면 연령별 인구 비율을 알 수 있다.

③ 1960년에는 유소년층 인구 비율이 노년층 인구 비율보다 높다.

④ 2020년에는 전체 인구 중 노년층이 차지하는 비율이 가장 높다.

⑤ 2020년에는 유소년층 인구 비율이 줄어 인구 피라미드 아랫부분의 폭이 좁아졌다.

5 다음 구조도의 빈칸에 들어갈 알맞은 어휘를 쓰세요.

우리나라의 인구 변화

인구 [ ] 의 변화	인구 구성의 변화
− 1960년대 이전: 벼농사에 유리한 남서부 지역의 인구 밀도가 높았다. − 1960년대 이후: 산업이 발달한 수도권과 대도시의 인구 밀도가 높아졌다.	− 유소년층 인구 비율이 낮아지고, [ ] 인구 비율이 높아졌다. − [ ] · 고령화 현상이 뚜렷해졌다.

6 다음과 같은 인구 분포의 변화가 일어난 까닭을 쓰세요.

시기	1960년대 이전	1960년대 이후
인구 분포의 특징	 벼농사에 유리한 남서부 지역에 인구가 많았고 산지가 많은 북동부 지역에 인구가 적었습니다.	 수도권과 대도시에 인구가 빠르게 늘고 촌락 지역의 인구 밀도가 낮아졌습니다.
인구 분포 변화의 까닭		

05 우리나라의 도시, 산업, 교통은 어떻게 발달했을까요?

정답과 해설 5쪽

✦ 개념

▼ 그림으로 중요한 개념을 만나 보세요.

도시, 산업, 교통의 발달

1960년대 ▶ 1970년대

서울, 부산 등 **대도시** 성장
신발, 섬유 등 **경공업** 발달

남동 해안 지역의 **공업 도시** 성장
배, 철강 등 **중화학 공업** 발달
경부 고속 국도 개통 (1970년)

✦ 어휘

▼ 개념에서 살펴본 어휘를 문장의 빈칸에 써 보세요.

1960년대부터 산업이 발달하면서 서울, 부산 등의 [   ]가 성장했어요.

1960년대에 대도시를 중심으로 신발, 섬유 등 일손이 많이 필요한 [   ]이 발달했어요.

1970년대에는 남동 해안 지역 등에서 [   ]가 성장했어요.

1970년대에 공업 도시를 중심으로 배, 철강 등 [   ]이 발달했어요.

우리나라의 도시, 산업, 교통은 서로 영향을 주고받으며
과거와 크게 다른 모습으로 발달했어요.

▶ **1980년대**

대도시 주변에 **신도시** 건설

▶ **1990년대 이후**

국토 균형 발전을 위한 노력
첨단 산업과 다양한 산업 발달
고속 철도 개통 (2004년)

1980년대부터는 도시 문제를 해결하려고 대도시 주변에 ☐☐☐ 를 건설했어요.

1990년대 이후로 ☐☐☐ 발전을 위해 노력하고 있어요.

1990년대 이후 ☐☐☐ 을 포함해 다양한 산업이 발달했어요.

2000년대 이후 ☐☐☐ 도 개통되어 지역이 더 가까워졌어요.

우리나라의 도시, 산업, 교통은 어떻게 발달했을까요?

▼ 다음 글을 읽고 물음에 답하세요. (1~6)

핵심 개념

우리나라의 도시 발달

❶ 우리나라는 1960년대 이후부터 본격적으로 도시가 발달하기 시작했어요. 산업화와 함께 도시 수가 크게 늘어났고, 도시에 사는 인구도 많아졌지요. 1960년대에는 서울, 부산, 대구 등의 대도시에 공장이 들어서면서 도시 인구가 급속히 증가했어요. 1970년대에는 대도시의 꾸준한 성장과 더불어 남동 해안 지역의 공업 도시가 발달했어요. 그런데 대도시에 지나치게 많은 인구와 기능이 모이게 되면서 주택 부족, 교통 혼잡과 같은 도시 문제가 발생했어요. 이러한 문제를 해결하려고 1980년대부터 대도시 주변에 신도시를 만들어 인구와 기능을 분산했어요. 2000년대부터는 수도권에 집중되어 있던 공공 기관과 연구소, 기업 등을 지방으로 옮겨 국토를 균형 있게 발전시키고자 노력했어요.

우리나라의 산업 발달

❷ 도시 발달은 산업 발달과 밀접한 관련이 있어요. 1960년대에는 신발, 섬유 등 생활에 필요한 물건을 만드는 경공업이 대도시를 중심으로 발달했어요. 경공업은 일손이 많이 필요했기 때문에 사람이 많이 모여 사는 대도시에서 발달하게 된 것이지요. 이후 기술과 자본을 갖추게 되면서 1970년대에는 중화학 공업이 발달했어요. 철강, 배, 자동차 등을 만드는 중화학 공업은 원료를 수입하고 완성된 제품을 수출하기 편리한 항구를 중심으로 발달하여 포항, 울산 등 남동 해안 지역의 공업 도시가 크게 성장하게 되었어요. 1990년대 이후에는 과학 기술이 발달하면서 반도체, 컴퓨터 등 첨단 산업과 정보 통신 산업이 발달했어요. 오늘날에는 우주 산업이나 인공 지능 등 높은 수준의 기술이 필요한 첨단 산업을 비롯하여 관광 산업, 서비스업 등 각 지역에 맞는 다양한 산업이 발달하고 있어요.

우리나라의 교통 발달

❸ 도시와 산업의 발달과 더불어 교통도 크게 발달했어요. 1960년대 후반부터 고속 국도가 만들어지기 시작해 1970년에는 서울과 부산을 잇는 경부 고속 도로가 개통되었어요. 이에 따라 사람들의 생활권이 크게 넓어졌어요. 2004년에는 고속 철도가 개통되면서 지역 간 이동 시간이 더욱 줄어들었지요. 또 항구와 공항의 수도 늘어나 여러 교통로가 그물망처럼 촘촘하게 연결되면서 지역 간 교류가 활발해졌어요.

인문환경과 국토 모습 변화

❹ 도시, 산업, 교통, 그리고 인구의 변화에 따라 우리 국토의 모습은 과거와 크게 달라졌어요. 교통이 편리한 곳은 인구가 늘고 산업이 발달하며 이에 따라 도시가 크게 성장하는 등 지역의 인문환경이 변화해요. 우리 국토의 모습은 이러한 인문환경이 서로 영향을 주고받으며 계속 변화하고 있어요.

낱말 풀이
* **자본** 생산하거나 생산 시설을 만드는 데 필요한 비용.　• **개통** 도로, 철도, 전화 등이 완성되어 쓰이기 시작함.
* **생활권** 통학, 통근 등 사람이 일상생활을 할 때 활동하는 범위.

1 문단별 중심 문장의 빈칸에 들어갈 알맞은 핵심 어휘를 찾아 √표 하세요.

우리나라의 도시, 산업, 교통은 어떻게 발달했을까요?

❶문단 우리나라는 1960년대 이후부터 본격적으로 (   )가 발달하기 시작했다.

☐ 도시
☐ 신도시

❷문단 우리나라의 산업은 1960년대에 (   ), 1970년대에는 중화학 공업이 발달했다.

☐ 경공업
☐ 첨단 산업

❸문단 도시와 산업의 발달과 더불어 교통이 발달하면서 (   )이 넓어지고 지역 간 교류가 활발해졌다.

☐ 생활권
☐ 이동 시간

❹문단 도시, 산업, 교통, 인구 등 (   )의 변화에 따라 국토의 모습도 크게 달라졌다.

☐ 인문환경
☐ 자연환경

2 이 글을 읽고 알 수 있는 내용으로 알맞은 것에는 ○표, 알맞지 않은 것에는 ✕표 하세요.

(1) 우리나라의 도시 발달은 산업 발달과 밀접한 관련이 있다. ⋯⋯⋯⋯⋯ (   )

(2) 1970년대에는 포항, 울산 등 남동 해안 지역의 공업 도시가 성장했다. ⋯⋯⋯ (   )

(3) 2000년대에는 도시 문제를 해결하려고 수도권으로 공공 기관, 연구소 등을 옮겼다. ⋯⋯⋯⋯⋯⋯⋯⋯⋯⋯⋯⋯⋯⋯⋯⋯⋯⋯⋯⋯⋯⋯⋯⋯⋯⋯⋯⋯⋯ (   )

(4) 고속 국도와 고속 철도가 개통되면서 지역 간 이동 시간이 줄고 생활권이 확대됐다. ⋯⋯⋯⋯⋯⋯⋯⋯⋯⋯⋯⋯⋯⋯⋯⋯⋯⋯⋯⋯⋯⋯⋯⋯⋯⋯⋯⋯⋯⋯ (   )

3 우리나라의 교통 발달에 대한 설명으로 알맞지 <u>않은</u> 것을 고르세요. ( )

① 교통이 발달하면서 지역 간 교류가 활발해졌다.

② 교통이 발달하면서 사람들의 생활권이 넓어졌다.

③ 도로, 철도뿐만 아니라 항구, 공항의 수도 늘어났다.

④ 1970년에 서울과 부산을 잇는 경부 고속 도로가 개통되었다.

⑤ 2004년에 고속 철도가 개통되면서 지역 간 이동 시간이 늘어났다.

4 이 글과 <보기>를 읽고 알 수 있는 내용으로 알맞지 <u>않은</u> 것을 고르세요. ( )

─── 〈보기〉 ───

포항과 울산은 우리나라가 산업화되기 이전에 주로 어업이 발달한 어촌이었습니다. 1960~1970년대에 큰 공장이 들어서면서 일자리가 늘어나자 인구도 늘어났고, 교통도 편해져 오늘날 우리나라의 대표적인 공업 도시가 되었습니다.

포항은 철을 만드는 제철 산업이 발달했습니다. 철광석과 같은 재료를 수입하여 철을 만들고 이를 세계에 수출합니다. 울산은 석유 화학, 자동차, 조선 산업이 발달했습니다. 울산의 공장에서 만든 자동차와 배는 세계로 널리 수출되고 있습니다.

포항 제철 공장과 항구

울산 산업 단지의 항구

① 포항과 울산에는 경공업이 주로 발달했다.

② 인구, 도시, 산업, 교통은 서로 영향을 주고받으며 변화한다.

③ 1960년대 이전까지 포항과 울산 사람들은 주로 어업에 종사했다.

④ 1960년대 이후 포항과 울산에 일자리가 늘어나면서 도시가 크게 성장했다.

⑤ 포항과 울산은 원료를 수입하고 제품을 수출하기 좋은 남동 해안 지역에 있다.

5 다음 구조도의 빈칸에 들어갈 알맞은 어휘를 쓰세요.

우리나라의 도시, 산업, 교통 발달

도시 발달	산업 발달	교통 발달
- 1960년대: 　서울, 부산, 대구 등 　[　　　] 발달 - 1970년대: 　공업 도시 성장 - 1980년대: 　대도시 주변에 신도시 　건설 - 2000년대: 　국토 균형 발전	- 1960년대: 　경공업 발달 - 1970년대: 　[　　　] 공업 　발달 - 1990년대: 　반도체, 정보 통신 산업 　발달 - 오늘날: 　다양한 산업 발달	- 1960년대 후반: 　고속 국도 개통 - 1970년: 　경부 고속 도로 개통 - 2004년: 　고속 [　　] 개통 　↓ 　생활권이 넓어지고 　지역 간 교류가 활발해짐.

6 다음 사례를 보고, 어떤 도시 문제를 해결하기 위해 만든 신도시인지 그 까닭을 쓰세요.

	경기도 성남시	세종특별자치시
도시 문제 해결 사례	서울에 인구가 집중되자 서울 주변 지역에 주거 단지를 만들었습니다.	수도권에 행정 기능이 집중되자 공공 기관을 옮겨 세종특별자치시를 건설했습니다.
까닭	대도시의 인구와 기능을 분산하기 위해서입니다.	

▼ 다음 글을 읽고 물음에 답하세요. (1~3)

(가)　　전통적인 지역 구분　　　　　(나)　　조선 시대의 행정 구역

(다)　　우리나라는 전통적으로 자연환경에 따라 관서, 관북, 관동, 해서, 경기, 호서, 호남,
영남 지방으로 지역을 구분했어요. 관서, 관북, 관동 지방은 철령관을 기준으로 나뉜 지역이

1 (다)~(라)를 바탕으로 (가)를 이해한 내용으로 알맞지 <u>않은</u> 것을 고르세요.　　　　(　　)

① ㉠: 철령관의 서쪽 지역을 말한다.
② ㉡: 철령관의 동쪽 지역을 말한다.
③ ㉡: 태백산맥을 기준으로 다시 영동과 영서로 나뉜다.
④ ㉢: 금강 또는 의림지를 기준으로 서쪽 지역을 말한다.
⑤ ㉢: ㉠ 지역에 비해 기온이 높고 강수량이 많은 편이다.

2 (다)를 읽고 (가)와 (나)를 비교한 내용으로 알맞지 <u>않은</u> 것을 고르세요.　　　　(　　)

① (가)는 자연환경에 따른 지역 구분이다.
② (나)는 행정 구역으로 지역을 나눈 것이다.
③ (가)와 (나)는 지역을 나눈 모양이 비슷하다.
④ (가)의 지역 구분은 오늘날 사용되는 명칭에 남아 있지 않다.
⑤ (가)의 지역 구분은 (나)와 같이 지역을 구분하는 바탕이 되었다.

에요. 철령관의 북쪽 지역은 관북 지방, 서쪽 지역은 관서 지방, 동쪽 지역은 관동 지방이라고 했어요. 관동 지방은 태백산맥을 기준으로 다시 동쪽인 영동 지방과 서쪽인 영서 지방으로 나눴어요. 왕이 살던 도읍과 주변 지역은 경기 지방이라고 하고, 도읍에서 바다 건너 서쪽에 있는 지역은 해서 지방이라고 했어요. 호남 지방은 옛날에 호강이라고 불렸던 금강의 남쪽 지역이고, 금강 또는 의림지를 기준으로 서쪽 지역은 호서 지방이라고 했어요. 한편 영남 지방은 조령의 남쪽 지역이에요. 이러한 전통적인 지역 구분은 호남선, 영동 고속 도로 등 오늘날 사용되는 여러 명칭에 남아 있을 뿐 아니라 행정 구역을 정하는 기초가 되었어요.

(라) 우리나라는 지역에 따라 기온 차이가 커요. 남쪽과 북쪽 지역 간의 기온 차이가 크고, 대체로 북쪽으로 갈수록 기온이 낮아져요. 동쪽과 서쪽 지역 간에도 기온이 달라 겨울철 동해안이 서해안보다 따뜻해요. 동해의 수온이 높고, 차가운 북서풍을 태백산맥이 막아 주기 때문이에요. 또 지역에 따라 강수량도 다른데, 대체로 북부 지방보다 남부 지방이 강수량이 많아요. 우리나라는 겨울철 강수량이 비교적 적지만, 제주도나 울릉도, 영동 지방 등은 눈이 많이 내려 겨울에도 강수량이 많은 편이에요.

3 (라)를 바탕으로 다음 세 지역의 강수량 그래프를 이해한 내용으로 알맞은 것을 고르세요. (   )

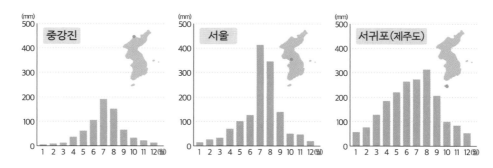

① 지역에 따라 강수량의 차이가 거의 없다.
② 세 지역 모두 겨울철 강수량이 가장 많다.
③ 가장 북쪽에 있는 중강진은 서울과 서귀포에 비해 연평균 강수량이 많다.
④ 서귀포는 겨울에 눈이 많이 내려 중강진과 서울에 비해 겨울철 강수량이 많다.
⑤ 서울, 중강진은 여름철 강수량이 가장 많은 반면 서귀포는 겨울철 강수량이 가장 많다.

▼ 문장의 빈칸에 들어갈 알맞은 어휘를 보기 에서 골라 쓰세요. (1~5)

01 우리 국토의 위치와 영역은 어디일까요?   보기 **동경 / 서경 / 영공 / 영해**

(1) 우리 국토는 아시아 대륙의 동쪽, 북위 33°~43°, (   ) 124°~132° 사이에 위치한다.

(2) 우리 영토는 한반도와 주변의 섬들이고, (   )은/는 기준선으로부터 12해리까지이다.

02 우리 국토를 어떻게 구분할 수 있을까요?   보기 **경도 / 위도 / 자연환경 / 행정 구역**

(1) 우리 국토는 전통적으로 (   )에 따라 관서, 관북, 관동, 해서, 경기, 호서, 호남, 영남 지방으로 구분한다.

(2) 우리나라 (   )은/는 특별시, 특별자치시, 광역시, 도, 특별자치도로 이루어져 있다.

03 우리나라의 지형과 기후는 어떤 특징이 있을까요?   보기 **강수량 / 북쪽 / 서쪽 / 지형**

(1) 우리나라의 지형은 동쪽이 높고 (   )이 낮으며, 세 해안의 모습이 다르다.

(2) 우리나라의 기후는 계절과 지역에 따라 기온과 (   )의 차이가 크다.

04 우리나라의 인구는 어떻게 변화했을까요?   보기 **인구 구성 / 인구 밀도 / 인구 분포**

(1) 우리나라는 1960년대 이후 산업 발달로 수도권과 대도시의 (   )이/가 높아졌다.

(2) 우리나라의 (   )은/는 유소년층 인구 비율이 낮아지고 노년층 인구 비율은 높아지고 있다.

05 우리나라의 도시, 산업, 교통은 어떻게 발달했을까요?   보기 **생활권 / 인문환경 / 중화학 공업 / 첨단 산업**

(1) 우리나라의 산업은 1960년대에 경공업, 1970년대에는 (   )이 발달했다.

(2) 도시, 산업의 발달과 더불어 교통이 발달하면서 (   )이 넓어졌다.

2
단원

인권과 법

01 인권을 지키기 위한 노력에는 어떤 것이 있을까요?

정답과 해설 7쪽

✦ 개념

▼ 그림으로 중요한 개념을 만나 보세요.

인권 보장을 위한 노력

사회 보장 제도

최소한의 인간다운 생활을
보장하는 제도를 마련함

공공 편의 시설

공공장소를 누구나 이용하도록
편의 시설을 설치함

국가 인권 위원회

인권 보호 기관을 두어
인권을 침해당한 사람을 도움

✦ 어휘

▼ 개념에서 살펴본 어휘를 문장의 빈칸에 써 보세요.

인권은 인간이라면 당연히 누려야 하는 권리예요.

나라에서 [　　　　　] 를 마련해 최소한의 인간다운 생활을 보장해요.

나라에서 모두가 편하게 이용하도록 [　　　　] 을 만들어요.

나라에서 [　　　] 를 두어 인권을 침해당한 사람을 도와요.

우리 사회는 인권을 보장하기 위해
다양한 노력을 해 왔어요.

옛날의 인권 보장 제도

신문고 제도

억울한 일이 있을 때 신문고라는
북을 쳐서 임금에게 알림

격쟁

임금이 행차할 때 꽹과리 등을
쳐서 억울함을 호소함

삼복 제도

무거운 형벌을 내릴 때
세 번의 재판을 거치게 함

옛날에도 **인권**을 보장하는 제도가 있었어요.

옛날에는 억울한 일이 생기면 북을 쳐서 임금에게 알리는 [　　　] 제도가 있었어요.

옛날에 임금이 행차할 때 꽹과리 등을 쳐서 직접 억울함을 호소한 [　　] 이 있었어요.

옛날에 억울한 벌을 받지 않도록 세 번 재판하는 [　　　] 가 있었어요.

인권을 지키기 위한 노력에는 어떤 것이 있을까요?

▼ 다음 글을 읽고 물음에 답하세요. (1~6)

핵심 개념

인권

❶ 우리는 모두 건강한 음식을 먹고 편안하게 잠을 자며, 자신의 생각을 자유롭게 말하고, 교육을 받을 권리가 있어요. 이처럼 모든 사람은 사람으로서 존중받고 행복하게 살아갈 권리가 있어요. 사람이 사람답게 살아가기 위해 당연히 누려야 할 기본적인 권리를 인권이라고 해요. 인권은 모든 사람이 태어날 때부터 가지는 권리예요. 나이, 성별, 인종 등과 상관없이 누구에게나 동등하게 주어지며, 다른 사람이 함부로 **빼앗**거나 침해할 수 없어요.

인권 보장을
위한 노력

❷ 우리가 안전하고 행복한 삶을 살기 위해서는 인권이 보장되어야 해요. 우리 사회는 인권 보장을 위해 다양한 노력을 하고 있어요. 국가와 지방 자치 단체에서는 저소득층 노인에게 기초 연금을 지급하고 어린이와 임산부, 노인에게 무료로 예방 접종을 해주는 등 국민이 안정적으로 생활할 수 있도록 사회 보장 제도를 마련해요. 또 장애인이 지하철을 편리하게 이용할 수 있도록 역에 승강기를 설치하고, 공중화장실에 어린이를 위한 낮은 세면대를 만드는 등 공공 편의 시설을 설치해요. 그리고 국가 인권 위원회와 같은 인권 보호 기관을 운영하여 인권을 침해하는 법이나 제도를 조사하고, 인권 침해를 당한 사람을 도와줘요. 한편 학교나 시민 단체도 인권 교육을 하거나 홍보 활동을 벌여 인권의 소중함을 알리고, 편견이나 차별을 없애기 위해 노력하고 있어요.

옛날의
인권 보장 제도

❸ 옛날에는 지금처럼 모든 사람이 동등한 인권을 누리지 못하고, 신분이나 성별 등에 따라 차별 대우를 받았어요. 그렇지만 당시에도 백성들의 억울함을 풀어 주고 차별받는 사람들의 인권을 보호하기 위한 여러 사회 제도가 있었어요. 신문고 제도는 억울한 일을 당한 백성이 궁궐 밖에 있는 신문고라는 북을 쳐서 임금에게 알린 제도예요. 임금의 행차 때 꽹과리 등을 쳐서 직접 억울함을 호소할 수도 있었는데, 이를 격쟁이라고 해요. 또 삼복 제도가 있어서 사형과 같은 무거운 형벌을 내릴 때는 신분과 관계없이 세 번의 재판을 거치도록 하여 억울하게 벌을 받는 백성이 없도록 했지요. 이 밖에도 70세 이상의 부모를 둔 아들 중 한 명은 군역의 의무를 면제해 주었고, 장애인과 이들을 돌본 사람에게 세금 등을 면제해 주었어요. 또 출산한 노비와 그 남편에게 아이를 돌볼 수 있도록 휴가를 주었어요. 이처럼 옛날부터 인권을 보호하기 위한 노력이 있었기에 우리는 지금과 같은 권리를 누리게 되었지요.

낱말 풀이

• **지방 자치 단체** 지역 주민들을 위하여 대표들이 지역의 살림살이를 꾸려 나가는 곳.
• **기초 연금** 노인이 최소한의 기본적인 생활을 유지할 수 있도록 국가가 일정한 기간마다 주는 돈.
• **군역** 16세부터 60세까지의 남자가 일정 기간 군사 훈련을 받거나 그 비용을 부담한 것.

1 문단별 중심 문장의 빈칸에 들어갈 알맞은 핵심 어휘를 찾아 ✓표 하세요.

> **인권을 지키기 위한 노력에는 어떤 것이 있을까요?**

❶문단 사람이 사람답게 살아가기 위해 당연히 누려야 할 기본적인
권리를 ( )이라고 한다.

☐ 교육
☐ 인권

❷문단 우리 사회는 사회 보장 제도를 마련하고 공공 편의 시설을 설
치하는 등 인권 ( )을/를 위해 노력하고 있다.

☐ 보장
☐ 조사

❸문단 옛날에도 ( ), 격쟁, 삼복 제도 등 인권을 보호하기 위한
여러 사회 제도가 있었다.

☐ 군역의 의무
☐ 신문고 제도

2 이 글을 읽고 알 수 있는 내용으로 알맞은 것에는 ○표, 알맞지 않은 것에는 ✕표 하세요.

(1) 인권은 태어날 때부터 주어지는 권리이다. ─────────── ( )

(2) 삼복 제도는 신분 차별을 없애기 위해 만든 제도이다. ───── ( )

(3) 인권은 나이, 성별, 인종 등에 따라 다르게 주어지는 권리이다. ───── ( )

(4) 옛날에 억울한 일을 당한 백성은 신문고를 쳐서 임금에게 알릴
수 있었다. ──────────────────────────── ( )

3 인권 보장을 위한 노력으로 알맞지 <u>않은</u> 것을 고르세요. ( )

① 외국인 근로자에게 임금을 더 적게 준다.

② 저소득층 노인에게 기초 연금을 지급한다.

③ 임산부에게 독감 예방 접종을 무료로 해 준다.

④ 어린이를 위해 공중화장실에 낮은 세면대를 설치한다.

⑤ 시민 단체에서 인권 의식을 높이기 위한 홍보 활동을 벌인다.

4 이 글과 <보기>를 읽고, 국가 인권 위원회에서 하는 일로 알맞지 <u>않은</u> 것을 고르세요. ( )

〈보기〉

국가 인권 위원회 홈페이지

국가 인권 위원회는 인권을 보호하고 향상하기 위해 만든 독립적인 국가 기관입니다. 국가 인권 위원회에서는 인권 침해 사례를 조사하고, 인권 침해를 당한 사람을 도와줍니다.

만일 우리가 학교 폭력 등의 인권 침해를 당하면, 국가 인권 위원회에 보호와 도움을 요청할 수 있습니다. 국가 인권 위원회에서는 인권을 침해하는 법이나 제도를 조사한 다음, 관련 기관에 문제를 해결하라고 요구합니다. 그리고 인권을 보호하기 위한 정책을 연구하고 제안하는 일도 합니다. 한 예로, 국가 인권 위원회는 '살색'이라는 표현이 인종에 대한 편견을 담고 있으므로 고쳐 쓸 것을 제안했습니다. 그 결과 '살색'을 '살구색'으로 바꾸어 부르게 되었습니다. 또한 국가 인권 위원회는 국민들의 인권 의식을 높이고자 인권 교육 프로그램을 만들기도 합니다.

① 인권을 침해당한 사람을 돕는다.

② 인권을 침해하는 법이나 제도를 조사한다.

③ 인권을 보호하기 위한 정책을 연구하고 제안한다.

④ 인권 의식을 향상하기 위해 인권 교육 활동을 한다.

⑤ 인권을 보장하기 위한 법과 사회 보장 제도를 만든다.

다음 구조도의 빈칸에 들어갈 알맞은 어휘를 쓰세요.

사람이 사람답게 살아가기 위해 당연히
누려야 할 기본적인 권리

인권 보장을 위한 노력	옛날의 인권 보장 제도
– □□□□□□□ 를 마련함. 예) 기초 연금 등 – 공공 편의 시설을 설치함. 예) 지하철역 승강기 등 – 인권 보호 기관을 운영함. 예) 국가 인권 위원회	– 신문고 제도: 신문고를 쳐서 임금에 게 억울함을 알린 제도 – □□□□: 임금의 행차 때 꽹과리 등을 쳐서 억울함을 호소한 제도 – 삼복 제도: 무거운 형벌을 내릴 때 세 번의 재판을 거치는 제도

다음 세 제도의 공통점을 조건에 맞게 쓰세요.

신문고 제도

격쟁

삼복 제도

〈조건〉

1. 위 제도들을 실시한 공통적인 이유 두 가지를 '~ 위한 제도입니다.'의 형식에 맞게
쓰세요.
2. 한 문장으로 쓰세요.

02 헌법이란 무엇일까요?

✦ 개념

▼ 그림으로 중요한 개념을 만나 보세요.

헌법의 내용

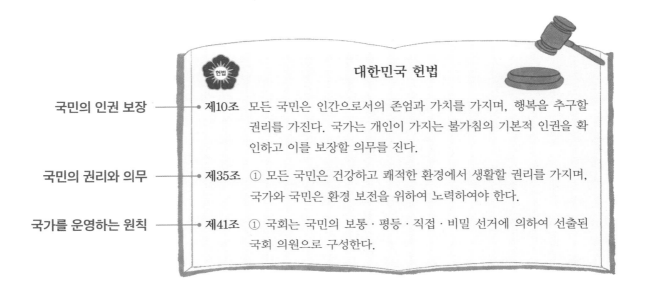

대한민국 헌법

국민의 인권 보장 ── 제10조 모든 국민은 인간으로서의 존엄과 가치를 가지며, 행복을 추구할 권리를 가진다. 국가는 개인이 가지는 불가침의 기본적 인권을 확인하고 이를 보장할 의무를 진다.

국민의 권리와 의무 ── 제35조 ① 모든 국민은 건강하고 쾌적한 환경에서 생활할 권리를 가지며, 국가와 국민은 환경 보전을 위하여 노력하여야 한다.

국가를 운영하는 원칙 ── 제41조 ① 국회는 국민의 보통·평등·직접·비밀 선거에 의하여 선출된 국회 의원으로 구성한다.

✦ 어휘

▼ 개념에서 살펴본 어휘를 문장의 빈칸에 써 보세요.

헌법은 모든 법의 바탕이 되는 우리나라 최고의 법이에요.

헌법에는 국민의 [   ]을 보장하는 내용이 담겨 있어요.

헌법에는 국민이 누려야 할 [   ]와 지켜야 할 **의무**가 나타나 있어요.

헌법에는 [   ]를 운영하는 원칙과 방법도 담겨 있어요.

헌법은 국민 인권을 보장하는 내용과 국가 운영 원칙을 담은 우리나라 최고의 법이에요.

인권 보장을 위한 헌법의 역할

인터넷 실명제의 사례

법의 인권 침해

인터넷 실명제가 표현의 자유를 제한해 인권을 침해함

▶

헌법 재판

헌법 재판을 통해 헌법에 어긋나는지 판단함

▶

법의 변경·폐지

인터넷 실명제를 폐지하여 국민의 인권을 보장함

헌법은 **인권**을 **보장**하는 역할을 해요.

한 예로, 인터넷 실명제가 표현의 자유를 제한해 인권을 [　　] 한다는 의견이 있었어요.

[　　　　] 을 통해 헌법에 어긋난 제도라고 판단했어요.

이에 따라 인터넷 실명제를 폐지해 국민의 [　　] 을 보장했어요.

헌법이란 무엇일까요?

▼ 다음 글을 읽고 물음에 답하세요. (1~6)

핵심 개념

헌법

헌법의 내용

인권 보장을 위한
헌법의 역할

헌법 개정과
국민 투표

❶ 헌법은 우리나라 최고의 법으로, 모든 법의 기본이 되는 법이에요. 국가에서 하는 일은 헌법에 따라 이루어져요. '법 중의 법'이라고도 불리는 헌법은 어떤 내용을 담고 있을까요?

❷ 먼저 헌법에서는 모든 국민이 인간으로서의 존엄과 가치를 가지며, 행복을 추구할 권리를 가진다고 밝히고 있어요. 그리고 국가가 국민의 인권을 함부로 침해할 수 없도록 정해 두고 있어요. 이처럼 우리나라 헌법은 모든 국민이 차별받지 않고 인간다운 삶을 살 수 있도록 국민의 인권을 보장하는 내용을 담고 있어요.

❸ 또한 헌법에는 대한민국 국민이 누려야 할 권리와 지켜야 할 의무가 나타나 있어요. 그리고 나라를 어떻게 꾸려 갈 것인지, 여러 국가 기관을 어떻게 조직할 것인지 등 국가를 운영하는 원칙과 방법도 담겨 있어요. 이처럼 헌법은 나라를 이끌어 가기 위한 기본 원칙과 국민이 존중받으며 행복하게 살아가는 데 필요한 내용을 담고 있어요.

❹ 우리 사회의 다양한 법과 제도에는 국민의 인권을 보장하려는 헌법의 뜻이 담겨 있어요. 우리나라 법에는 헌법 외에도 법률, 명령, 규칙 등이 있어요. 이러한 모든 법과 제도는 헌법을 바탕으로 만들어져요. 따라서 헌법의 뜻에 어긋나는 법은 만들 수 없어요. 어떤 법률이 헌법에 어긋나거나 국민의 기본적인 권리를 침해한다고 판단되면, 국민은 그 법률에 대해 헌법 재판을 요청할 수 있어요. 헌법 재판에서는 법이 헌법에 어긋나는지, 국민의 권리를 침해하는지를 심사해요. 그 결과 국민의 인권을 침해한다고 결정이 나면, 그 법률은 고쳐지거나 폐지돼요. 이처럼 헌법은 현재 있는 법이나 새롭게 만들어지는 법이 우리의 인권을 지켜 주는지 판단하는 기준이 되어 국민의 인권을 보장해요.

❺ 헌법은 민주주의를 실현하기 위해 만들었어요. 민주주의는 국민이 스스로 국가의 주인이 되는 제도예요. 따라서 헌법의 내용을 새로 정하거나 고칠 때는 반드시 국민 투표를 거치도록 되어 있어요. 국민 투표는 국가의 중요한 문제를 국민의 찬반 투표를 통해 최종적으로 결정하는 제도로, 국가의 주인인 국민이 직접 헌법의 내용을 잘 살펴보고 결정하도록 하기 위해 이러한 절차를 거쳐요.

낱말 풀이
- **존엄** 함부로 대할 수 없을 만큼 가치 있고 귀함.
- **조직** 특정한 목적을 달성하기 위해 질서 있는 하나의 집단을 이룸.
- **운영** 어떤 조직이나 그 조직의 일을 목적에 맞게 이끌어 꾸려 나감.

1 문단별 중심 문장의 빈칸에 들어갈 알맞은 핵심 어휘를 찾아 √표 하세요.

헌법이란 무엇일까요?

❶문단 (   )은 모든 법의 기본이 되는 우리나라 최고의 법이다.
☐ 법률
☐ 헌법

❷문단 헌법에는 국민의 (   )을 보장하는 내용이 담겨 있다.
☐ 인권
☐ 처벌

❸문단 헌법에는 국민의 권리와 의무, (   )을/를 운영하는 원칙과 방법이 담겨 있다.
☐ 국가
☐ 재판

❹문단 헌법은 모든 (   )의 바탕이 되어 국민의 인권을 보장한다.
☐ 법과 제도
☐ 존엄과 가치

❺문단 헌법의 내용을 새로 정하거나 고칠 때는 (   )을/를 거쳐야 한다.
☐ 국민 투표
☐ 헌법 재판

2 이 글을 읽고 알 수 있는 내용으로 알맞은 것에는 ○표, 알맞지 않은 것에는 ✕표 하세요.

(1) 헌법에는 국민이 누릴 수 있는 권리가 나타나 있다. ┄┄┄┄┄┄┄ (   )

(2) 헌법은 법이 국민의 인권을 침해하는지 판단하는 기준이 된다. ┄┄┄ (   )

(3) 우리 사회의 다양한 법과 제도는 모두 헌법을 바탕으로 만들어진다. ┄┄ (   )

(4) 국가가 위급한 때에는 국민 투표를 거치지 않고 헌법의 내용을
새로 정하거나 바꿀 수 있다. ┄┄┄┄┄┄┄┄┄┄┄┄┄ (   )

3 다음 헌법 조항이 담고 있는 내용으로 알맞은 것을 고르세요. ( )

대한민국 헌법

제10조 모든 국민은 인간으로서의 존엄과 가치를 가지며, 행복을 추구할 권리를 가진다. 국가는 개인이 가지는 불가침의 기본적 인권을 확인하고 이를 보장할 의무를 진다.

* **불가침** 함부로 남의 것을 빼앗거나 해칠 수 없음.

① 국민의 인권 보장   ② 국민이 누려야 할 권리

③ 국민이 지켜야 할 의무   ④ 국가 기관을 조직하는 방법

⑤ 헌법을 새로 정하거나 고치는 방법

4 이 글과 <보기>를 읽고 알 수 있는 내용으로 알맞지 <u>않은</u> 것을 고르세요. ( )

〈보기〉

인터넷 실명제는 자신의 이름과 주민 등록 번호를 확인하는 과정을 거친 뒤 인터넷 게시판에 글을 올릴 수 있는 제도입니다. 우리나라는 익명성을 악용한 사이버 범죄 피해를 예방하고자 인터넷 실명제를 시행했습니다. 하지만 이로 인해 인터넷에서 자유롭게 의견을 말하지 못해 표현의 자유가 제한되고 주민 등록 번호가 노출되자, 헌법 재판소에 심판을 요청했습니다.

헌법 재판소는 인터넷 실명제가 헌법에서 보장하는 표현의 자유, 인터넷 게시판 운영자의 언론의 자유, 개인 정보를 스스로 관리할 권리 등 국민의 기본적인 권리를 침해해 헌법에 어긋난다고 판결했습니다. 이에 따라 인터넷 실명제는 폐지되었습니다.

① 표현의 자유는 헌법에서 보장하는 국민의 기본적인 권리이다.

② 인터넷 실명제로 인해 사이버 범죄가 늘어나자 그 제도는 결국 폐지되었다.

③ 헌법 재판소는 인터넷 실명제가 국민의 기본적인 권리를 침해한다고 결정했다.

④ 헌법 재판에서는 법률이 헌법에 어긋나거나 국민의 권리를 침해하는지 심사한다.

⑤ 인터넷 실명제는 인터넷에 글을 올리기 전에 이름과 주민 등록 번호를 확인하는 제도이다.

다음 구조도의 빈칸에 들어갈 알맞은 어휘를 쓰세요.

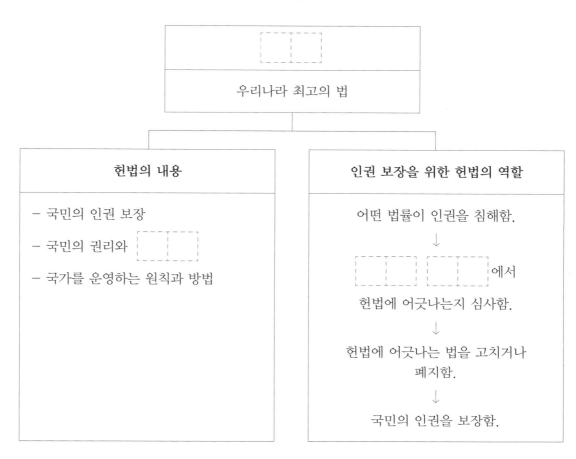

우리나라 최고의 법

헌법의 내용

– 국민의 인권 보장

– 국민의 권리와 [ ][ ]

– 국가를 운영하는 원칙과 방법

인권 보장을 위한 헌법의 역할

어떤 법률이 인권을 침해함.

↓

[ ][ ][ ]에서

헌법에 어긋나는지 심사함.

↓

헌법에 어긋나는 법을 고치거나
폐지함.

↓

국민의 인권을 보장함.

헌법의 내용을 새로 정하거나 고칠 때 국민 투표를 하는 까닭을 쓰세요.

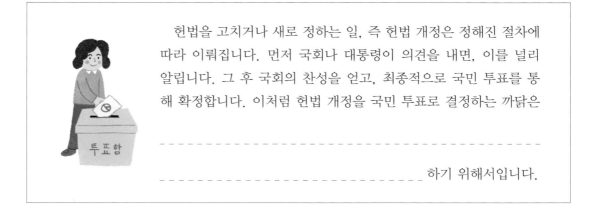

헌법을 고치거나 새로 정하는 일, 즉 헌법 개정은 정해진 절차에 따라 이뤄집니다. 먼저 국회나 대통령이 의견을 내면, 이를 널리 알립니다. 그 후 국회의 찬성을 얻고, 최종적으로 국민 투표를 통해 확정합니다. 이처럼 헌법 개정을 국민 투표로 결정하는 까닭은

_____

_____ 하기 위해서입니다.

03 헌법에 나타난 기본권과 의무에는 어떤 것이 있을까요?

정답과 해설 9쪽

✦ 개념

▼ 그림으로 중요한 개념을 만나 보세요.

국민의 기본권

평등권	자유권	참정권	사회권	청구권

차별받지 않고 동등한 대우를 받을 권리	자유롭게 생각하고 행동할 수 있는 권리	국가의 의사 결정에 참여할 수 있는 권리	인간다운 생활 보장을 국가에 요구할 권리	침해된 기본권 구제를 국가에 요구할 권리

✦ 어휘

▼ 개념에서 살펴본 어휘를 문장의 빈칸에 써 보세요.

헌법은 국민이 누려야 할 권리를 **기본권**으로 정해서 보장해요.

헌법은 차별받지 않을 [   ]과 자유롭게 행동할 [   ]을 보장해요.

정치에 참여할 [   ]과 인간다운 삶을 요구할 [   ]을 보장해요.

기본권이 침해되면 [   ]에 의해 구제를 요구할 수 있어요.

헌법은 국민이 누려야 할 기본권을 보장하고 있고
국민이 지켜야 할 의무도 정해 놓았어요.

국민의 의무

교육의 의무	근로의 의무	국방의 의무	납세의 의무	환경 보전의 의무

자녀가 교육을 받게 할 의무	개인과 나라 발전을 위해 일할 의무	모두의 안전을 위해 나라를 지킬 의무	나라에 세금을 내야 할 의무	환경 보전을 위해 노력할 의무

헌법은 모든 국민이 지켜야 할 **의무**를 정해 놓았어요.

국민이라면 누구나 자녀에게 법이 정하는 교육을 받게 할 ☐☐☐ 의 의무가 있어요.

국민은 일을 할 ☐☐☐ 의 의무와 나라를 지킬 ☐☐☐ 의 의무도 있어요.

국민은 세금을 낼 ☐☐☐ 의 의무, 그리고 ☐☐☐☐☐ 의 의무도 있어요.

헌법에 나타난 기본권과 의무에는 어떤 것이 있을까요?

▼ 다음 글을 읽고 물음에 답하세요. (1~6)

핵심 개념

국민의 기본권

❶ 우리나라에서는 국민이 인간답게 살아가는 데 필요한 권리를 헌법으로 보장하고 있어요. 헌법에서 보장하는 국민의 기본적인 권리를 기본권이라고 해요. 우리나라 헌법이 보장하는 기본권에는 평등권, 자유권, 참정권, 사회권, 청구권 등이 있어요.

❷ 먼저 평등권은 모든 국민이 차별받지 않고 동등하게 대우받을 권리예요. 성별, 종교 등에 따라 차별하지 않고 모든 사람에게 기회를 똑같이 준다는 의미예요. 자유권은 자유롭게 생각하고 행동할 수 있는 권리예요. 모든 국민은 자신의 생각을 자유롭게 표현할 수 있고, 원하는 곳으로 떠나거나 원하는 직업을 선택할 수 있어요. 참정권은 국민이 국가의 의사 결정, 즉 정치에 참여할 수 있는 권리를 말해요. 만 18세가 되면 선거에 참여해 투표를 할 수 있고, 직접 후보로 출마할 수도 있어요. 사회권은 국민이 인간다운 생활을 보장해 달라고 국가에 요구할 수 있는 권리로, 우리가 교육을 받고 최저 임금 등의 근로 조건을 보장받는 것이 사회권에 속해요. 이러한 국민의 권리가 침해되었을 때는 국가에 구제해 달라고 요구할 수 있어요. 이를 청구권이라고 해요. 자신의 권리가 침해되었거나 국가의 정책 또는 잘못으로 국민이 피해를 받았을 때는, 민원을 넣거나 국가에 재판을 요청해서 법률에 의한 재판을 받을 권리가 있어요.

국민의 의무

❸ 헌법은 국민이 누려야 할 기본권뿐만 아니라 국민으로서 지켜야 할 의무도 정해 놓았어요. 국민의 의무를 실천하는 일은 나와 다른 사람의 기본권을 지키고 나라를 발전시키는 바탕이 되기 때문이에요. 우리나라 헌법이 정하는 국민의 의무에는 교육의 의무, 근로의 의무, 국방의 의무, 납세의 의무, 환경 보전의 의무 등이 있어요.

❹ 모든 국민은 자녀가 잘 성장할 수 있도록 일정한 교육을 받게 할 교육의 의무가 있어요. 또 자신과 나라의 발전을 위해 일을 할 근로의 의무가 있고, 가족과 모두의 안전을 위해 나라를 지킬 국방의 의무도 있어요. 그리고 나라에 세금을 낼 납세의 의무가 있어요. 국민이 내는 세금으로 나라의 살림을 꾸리기 때문이에요. 또한 모든 국민과 기업, 그리고 국가는 깨끗한 환경을 지키기 위해 노력할 환경 보전의 의무가 있어요. 환경은 우리 후손들에게도 물려줄 소중한 재산이므로 오염시키지 않고 잘 보전하도록 의무로 정하고 있는 거예요.

낱말 풀이

- **출마** 선거에 나감.
- **최저 임금** 근로자가 인간다운 생활을 할 수 있도록 최소한 지급하라고 정한 임금의 액수.
- **근로 조건** 임금, 근로 시간, 작업 환경 등 근로자가 고용되어 일하는 데 대한 여러 가지 조건.
- **민원** 국민이 시청, 구청 등의 행정 기관에 원하는 바를 처리해 달라고 요구하는 일.

1 문단별 중심 문장의 빈칸에 들어갈 알맞은 핵심 어휘를 찾아 √표 하세요.

> 헌법에 나타난 기본권과 의무에는 어떤 것이 있을까요?

❶문단 헌법에서 보장하는 국민의 기본적인 권리를 (   )이라고 한다.
- [ ] 인권
- [ ] 기본권

❷문단 우리나라 헌법은 평등권, (   ), 참정권, 사회권, 청구권을 보장한다.
- [ ] 결정권
- [ ] 자유권

❸문단 헌법은 국민의 기본권과 함께 국민의 (   )도 정해 두고 있다.
- [ ] 권리
- [ ] 의무

❹문단 우리나라 국민이 지켜야 할 의무에는 교육의 의무, (   ), 국방의 의무, 납세의 의무, 환경 보전의 의무가 있다.
- [ ] 근로의 의무
- [ ] 선거의 의무

2 이 글을 읽고 알 수 있는 내용으로 알맞은 것에는 ○표, 알맞지 않은 것에는 ✕표 하세요.

(1) 우리나라 헌법은 국민이 정치에 참여할 권리를 보장한다. ⸺⸺ (   )

(2) 근로의 의무는 일을 하여 나라에 세금을 낼 의무를 말한다. ⸺⸺ (   )

(3) 우리나라 국민은 깨끗한 환경을 지키기 위해 노력할 의무가 있다. ⸺⸺ (   )

(4) 우리나라 헌법은 국민이 누려야 할 기본적인 권리를 보장하고 있다. ⸺⸺ (   )

3 다음 헌법 조항과 관련 있는 국민의 의무로 알맞은 것을 고르세요.　　　（　　　）

대한민국 헌법

제31조 ② 모든 국민은 그 보호하는 자녀에게 적어도 초등 교육과 법률이 정하는 교육을 받게 할 의무를 진다.

① 교육의 의무　　　　　　　　② 국방의 의무

③ 근로의 의무　　　　　　　　④ 납세의 의무

⑤ 환경 보전의 의무

4 <보기>의 헌법 조항들이 보장하는 기본권에 대한 설명으로 알맞은 것을 고르세요.　　　（　　　）

〈보기〉

(가) **제11조** ① 모든 국민은 법 앞에 평등하다.

(나) **제15조** 모든 국민은 직업 선택의 자유를 가진다.

(다) **제34조** ① 모든 국민은 인간다운 생활을 할 권리를 가진다.

(라) **제24조** 모든 국민은 법률이 정하는 바에 의하여 선거권을 가진다.

(마) **제27조** ① 모든 국민은 헌법과 법률이 정한 법관에 의하여 법률에 의한 재판을 받을 권리를 가진다.

① (가)는 자유권을 보장하는 조항이다.

② (나)는 평등권을 보장하는 조항이다.

③ (다)는 참정권을 보장하는 조항이다.

④ (라)는 사회권을 보장하는 조항이다.

⑤ (마)는 청구권을 보장하는 조항이다.

다음 구조도의 빈칸에 들어갈 알맞은 어휘를 쓰세요.

헌법에 나타난 기본권과 의무

국민의 □□□

- 평등권: 차별받지 않을 권리
- 자유권: 자유롭게 생각하고 행동할 수 있는 권리
- 참정권: 정치에 참여할 수 있는 권리
- 사회권: 국가에 인간다운 생활을 보장해 달라고 요구할 수 있는 권리
- □□□: 국가에 권리 구제를 요구할 수 있는 권리

국민의 의무

- 교육의 의무: 자녀가 법률에서 정하고 있는 교육을 받게 할 의무
- 근로의 의무: 일을 할 의무
- □□의 의무: 나라를 지킬 의무
- 납세의 의무: 나라에 세금을 낼 의무
- 환경 보전의 의무: 깨끗한 환경을 지키기 위해 노력할 의무

일상생활에서 국민의 의무를 실천하는 모습을 조건에 맞게 쓰세요.

〈조건〉

1. 국민의 의무 가운데 하나를 정해서, 다음 〈예〉와 같이 그 의무를 실천하는 모습이 나타나도록 쓰세요.
2. 한 문장으로 쓰세요.

〈예〉

부모님은 일을 해서 번 소득의 일부를 나라에 세금으로 내서 납세의 의무를 실천하고 있습니다.

04 법이란 무엇일까요?

정답과 해설 10쪽

✦ 개념

▼ 그림으로 중요한 개념을 만나 보세요.

법의 의미와 성격

의미

「도로 교통법」 안전띠 착용 의무

국가가 만든 규범

성격

강제성이 있다

반드시 따라야 하며,
어기면 제재를 받는다

변화할 수 있다

「도로 교통법」 전동 킥보드 관련 개정

바꾸거나 새로 만들 수 있다

✦ 어휘

▼ 개념에서 살펴본 어휘를 문장의 빈칸에 써 보세요.

법은 질서 있고 안전한 사회를 위해 국가가 만든 규범이에요.

법은 [　　　]이 있어서 모든 국민이 반드시 지켜야 해요.

만약 법을 지키지 않으면 [　　]를 받아요.

법은 [　　]할 수 있어서 바꾸거나 새로 만들어지기도 해요.

일상생활과 법

| 「도로 교통법」 | 「소비자 기본법」 | 「저작권법」 | 「학교 급식법」 |

도로에서 안전하게
다니기 위한 법

소비자의 권리와
이익을 위한 법

창작물을 만든 사람의
권리를 보호하는 법

안전하고 영양가 있는
급식을 하기 위한 법

도로에서 횡단보도를 건널 때는 ⌈　　　　　　⌋ 에 따라요.

⌈　　　　　　⌋ 에 따라 소비자의 권리와 이익을 보호해요.

⌈　　　　⌋ 은 작품을 만든 사람의 권리를 보호해요.

학교에서 급식을 조리할 때는 ⌈　　　　　⌋ 에 따라요.

법이란 무엇일까요?

핵심 개념

법

❶ 사회에서 여러 사람이 함께 생활하다 보면 저마다 생각이 달라 다툼이나 갈등이 일어나기도 해요. 또 사고나 범죄로 억울하게 피해를 보는 사람이 생기기도 해요. 이러한 일들로 인한 혼란을 막아 모두가 편안하고 안전하게 살아가려면 서로 지켜야 할 행동 기준이 필요한데, 이를 사회 규범이라고 해요. 법과 도덕 등이 대표적인 사회 규범이에요. 이 가운데 법은 국가가 만든, 강제성을 지닌 규범을 말해요.

법의 성격

❷ 법은 사회 구성원 모두가 지키기로 한 약속이에요. 우리는 법에 따라 차를 타면 안전띠를 매야 하고, 가게에서 정당한 값을 내고 물건을 사야 하며, 쓰레기는 정해진 곳에 버려야 해요. 법은 강제성이 있기 때문에 법을 지키지 않으면 국가로부터 제재를 받아요. 이런 점에서 법은 사람들이 양심에 따라 자율적으로 지키는 도덕과 구별돼요. 예를 들어 여러 사람이 함께 이용하는 지하철에서 시끄럽게 떠든다거나 임산부에게 임산부 배려석을 양보하지 않으면 다른 사람들에게 비난받을 수는 있지만 제재를 받지는 않아요. 하지만 법을 지키지 않으면 비난뿐만 아니라 제재를 받게 되지요.

❸ 법은 고정된 것이 아니라 변할 수 있어요. 법이 사회 변화에 맞지 않거나 그 내용이 인권을 침해한다고 판단되면, 법을 바꾸거나 새로 만들기도 해요. 예를 들어, 인터넷이 발달하면서 사이버 폭력이나 스팸 메일 등 여러 피해가 나타나자 이를 방지하기 위해 「개인 정보 보호법」이 생겨났어요. 또 전동 킥보드 사고가 잇따르자 반드시 안전모를 쓰고 혼자 타야 하고, 면허가 있어야 탈 수 있도록 「도로 교통법」이 바뀌었어요.

일상생활과 법

❹ 우리의 일상생활에는 다양한 법이 적용되고, 우리는 태어나면서부터 법의 테두리 안에서 살아가요. 아이가 태어나면 출생 신고를 하고, 일정한 나이가 되면 학교에 입학하는 것도 모두 법으로 정해져 있어요. 법은 우리가 권리를 보호받으며 안심하고 행복하게 살아갈 수 있도록 해요. 예를 들어 「도로 교통법」은 교통사고를 예방하여 우리가 도로에서 안전하게 다니도록 하기 위한 법이에요. 「소비자 기본법」은 물건을 살 때 필요한 정보를 확인하고 불량품은 교환하거나 환불받을 수 있게 하는 등 소비자의 권리를 지켜요. 「저작권법」은 음악이나 영화, 동영상 등 창작물을 만든 사람이 손해를 보지 않도록 권리를 보호해 주지요. 또 우리가 안전하고 영양가 있는 급식을 먹을 수 있는 것은 「학교 급식법」이 있기 때문이에요. 이처럼 우리는 일상생활에서 법을 지키고 법의 보호를 받으면서 인간다운 삶을 보장받을 수 있어요.

낱말 풀이

• **강제성** 권력이나 힘을 이용해 원하지 않는 일을 억지로 시키는 성질.
• **제재** 법이나 정해진 규칙을 어겼을 때 국가가 처벌하거나 금지하는 것.

1 문단별 중심 문장의 빈칸에 들어갈 알맞은 핵심 어휘를 찾아 √표 하세요.

법이란 무엇일까요?

❶문단 (   )은 국가가 만든 강제성을 지닌 사회 규범이다.

☐ 법
☐ 도덕

❷문단 법은 강제성이 있어서 법을 지키지 않으면 국가로부터 (   ) 을/를 받는다.

☐ 비난
☐ 제재

❸문단 법이 사회 변화에 맞지 않거나 (   )을 침해하면 법을 바 꾸거나 새로 만들기도 한다.

☐ 도덕
☐ 인권

❹문단 우리는 일상생활에서 다양한 (   )의 적용을 받으며 살아 간다.

☐ 법
☐ 권리

2 이 글을 읽고 알 수 있는 내용으로 알맞은 것에는 ○표, 알맞지 않은 것에는 ✕표 하세요.

(1) 한번 만들어진 법은 바꾸거나 다시 만들 수 없다. ──────── (   )

(2) 법은 사회 구성원 모두가 지키기로 약속한 규범이다. ──────── (   )

(3) 법을 지키지 않으면 비난받을 수는 있지만 제재를 받지는 않는다. ──────── (   )

(4) 「소비자 기본법」은 창작물을 만든 사람의 권리를 보호해 주는 법이다. ──────── (   )

3 법의 제재를 받는 상황으로 알맞지 <u>않은</u> 것을 고르세요.　　　　　　　（　　　）

① 차에 탈 때 안전띠를 매지 않는다.

② 가게에서 값을 치르지 않고 물건을 훔친다.

③ 임산부에게 임산부 배려석을 양보하지 않는다.

④ 다른 사람들의 개인 정보를 이용해 스팸 메일을 보낸다.

⑤ 인터넷에서 음악이나 동영상 등을 창작자의 허락 없이 내려받는다.

4 <보기>의 빈칸에 들어갈 법에 대한 설명으로 알맞은 것을 고르세요.　　　　　（　　　）

〈보기〉

안전 기준에 못 미치는 전동 킥보드, 전기밥솥 등 20개 제품 회수

　　지난 9일 국가 기술 표준원은 소비자에게 위험을 끼칠 수 있는 완구류, 전동 킥보드, 전기밥솥 등 817개 제품의 안전성을 조사했다. 그 결과 20개 제품에서 유해 물질이 기준치보다 많이 발견되거나 표면 온도가 기준치를 넘는 등 안전 기준에 부적합한 것으로 나타났다. 이에 「　　　　　　　」에 따라 해당 제품들에 회수 조치를 내려 거두어들이고 제품 정보를 소비자에게 공개하는 한편, 제품의 판매를 금지했다.

① 창작물을 만든 사람의 권리를 보호하는 법이다.

② 사람들이 도로에서 안전하게 다니도록 하기 위한 법이다.

③ 상품으로 인한 위험과 피해로부터 소비자의 권리를 보호한다.

④ 아이가 태어나면 행정 기관에 출생 신고를 하도록 정하고 있다.

⑤ 인터넷에서 일어나는 사이버 폭력 등의 피해를 막기 위해 만든 법이다.

5 다음 구조도의 빈칸에 들어갈 알맞은 어휘를 쓰세요.

```
                              법
        ┌─────────────────────────────────────────┐
```

법의 성격	일상생활과 법
– ┌─────┐ : 법을 지키지 않으면 　국가로부터 제재를 받는다. – 법은 바뀌거나 새로 만들어지기도 한다.	– 「도로 교통법」: 도로에서 안전하게 　다니도록 하기 위한 법 – 「소비자 기본법」: 소비자의 권리를 　보호하는 법 – 「┌─────┐」: 창작물을 　만든 사람의 권리를 보호하는 법 – 「학교 급식법」: 안전하고 영양가 있 　는 급식을 하기 위한 법

6 다음 사례를 보고, 어떤 상황이 발생했을 때 법을 바꾸거나 새롭게 만드는지 쓰세요.

전동 킥보드 사고가 잇따르자 면허가 있어야 탈 수 있도록 「도로 교통법」을 바꾸었습니다. 	인터넷 발달로 사이버 범죄가 나타나자 새로 「개인 정보 보호법」을 만들었습니다. 

- -

　　　　　　　　　　　　　　　　　　　상황이 발생하면 법을 바꾸거나 새롭게 만듭니다.

- -

05 법은 어떤 역할을 할까요?

정답과 해설 11쪽

✦ 개념

▼ 그림으로 중요한 개념을 만나 보세요.

개인의 권리 보호

생명과 재산 보호	권리 구제	분쟁 해결

개인의 생명과 재산을 보호한다	개인의 권리가 침해되면 권리를 구제한다	다른 사람과 분쟁이 생기면 분쟁을 공정하게 해결한다

✦ 어휘

▼ 개념에서 살펴본 어휘를 문장의 빈칸에 써 보세요.

법은 **개인의 권리**를 **보호**하는 역할을 해요.

우리 사회는 개인의 [   ]과 재산을 법으로 보호해요.

만약 권리가 침해되거나 억울한 피해를 보면 법이 권리를 [   ]해 주기도 해요.

다른 사람과 분쟁이 생기면 법에 따라 [   ]하게 해결할 수 있어요.

사회 질서 유지

범죄로부터 보호

범죄로부터
안전하게 보호한다

사고 예방

사고를 예방해
안전하게 살아가게 한다

쾌적한 환경 유지

쾌적한 환경에서
생활하게 한다

법은 **사회 질서**를 **유지**하는 역할도 해요.

법은 사람들을 [　　　]로부터 안전하게 보호해 줘요.

법은 사고를 [　　　]해 사람들이 안전하게 살아가도록 해요.

법은 사람들이 쾌적한 [　　　]에서 생활할 수 있게 해 줘요.

법은 어떤 역할을 할까요?

▼ 다음 글을 읽고 물음에 답하세요. (1~6)

핵심 개념

법의 역할

❶ 만일 법이 없거나 사람들이 법을 지키지 않고 마음대로 행동한다면 어떻게 될까요? 곳곳마다 함부로 버린 쓰레기로 사람들이 불편을 겪고, 도로는 교통 법규를 지키지 않는 사람들로 교통사고가 자주 일어날 거예요. 법이 없거나 지켜지지 않으면 다른 사람의 권리를 침해하여 피해를 주고, 사람들 간에 갈등이 일어나 사회가 어지러워져요. 또 사고나 다툼이 일어나도 해결할 기준이 없어서 처리하기 어려워져요. 반대로 각자 법을 잘 지킨다면 모두가 편안하고 행복한 삶을 살 수 있어요. 이렇게 법은 개인의 권리를 보호하고 사회 질서를 유지하는 역할을 해요.

개인의 권리 보호

❷ 우리는 법을 통해 다양한 권리를 보호받아요. 우리 사회는 개인의 생명과 재산을 법으로 안전하게 보호하고 있어요. 사고나 재난이 발생했을 때를 대비해서 예방 대책을 마련하고, 피해가 있을 때 신속하게 구호할 수 있도록 절차를 마련해 두지요. 또 개인의 권리와 개인 정보를 보호하는 한편, 만약 개인이 억울하게 피해를 보거나 국가에 권리를 침해당했을 때는 이를 해결할 방법을 안내하고 구제해요. 예를 들어, 나라에서 공공 시설물을 안전하게 관리하지 않아 다쳤을 경우, 법을 통해 일정한 절차를 거쳐 손해 배상을 받을 수 있어요. 또 사람들 간에 권리가 충돌하여 분쟁이 발생했을 때, 법은 옳고 그름을 판단하는 기준이 돼요. 법에 따라 재판을 해서 분쟁을 공정하게 해결할 수 있지요. 이처럼 우리는 법의 보호를 받아 정당한 권리를 누릴 수 있어요.

사회 질서 유지

❸ 법은 사회 질서를 유지하는 역할도 해요. 범죄로부터 사람들을 안전하게 보호하고, 잘못을 저지른 사람은 처벌하여 사회 질서를 유지해요. 그리고 교통질서를 세워 사고를 예방하고, 질병이나 감염병이 퍼지지 않도록 막아 일상생활 속 위험으로부터 사람들을 지켜요. 또한 쾌적한 환경을 가꾸고 유지하여 모두가 건강한 삶을 누리도록 해요. 이처럼 법은 사회 질서를 유지하여 모두를 이롭게 하고 정의로운 사회를 만드는 데 도움을 줘요.

법을 준수하는 태도

❹ 법을 준수하면 자신의 권리뿐만 아니라 다른 사람의 권리도 지킬 수 있어요. 우리의 권리를 보장받고 질서가 유지되는 안전한 사회를 만들기 위해서는 법을 준수하는 태도가 필요해요.

낱말 풀이

• **구호** 재해나 재난 등으로 어려움에 처한 사람을 도와 보호하는 것.
• **구제** 피해를 입어 어려운 처지에 놓인 사람을 도와주는 것.
• **손해 배상** 법에 따라 남에게 끼친 손해를 물어 주는 일.
• **분쟁** 서로 시끄럽게 다툼.

1 문단별 중심 문장의 빈칸에 들어갈 알맞은 핵심 어휘를 찾아 √표 하세요.

> ## 법은 어떤 역할을 할까요?

❶문단 ( )은 개인의 권리를 보호하고 사회 질서를 유지하는 역할을 한다.

☐ 법
☐ 기준

❷문단 법은 ( )를 보호하는 역할을 한다.

☐ 사회 질서
☐ 개인의 권리

❸문단 법은 ( )를 유지하는 역할을 한다.

☐ 사회 질서
☐ 개인의 권리

❹문단 법을 준수하면 자신과 다른 사람의 ( )을/를 보장받고, 사회 질서를 유지할 수 있다.

☐ 권리
☐ 쾌적한 환경

2 이 글을 읽고 알 수 있는 내용으로 알맞은 것에는 ○표, 알맞지 않은 것에는 ×표 하세요.

(1) 법은 개인의 권리를 보호하는 역할을 한다. ────────────── ( )

(2) 법은 분쟁이 발생했을 때 옳고 그름을 판단하는 기준이 된다. ── ( )

(3) 국가에 권리를 침해당했을 경우에는 법을 통해 구제받을 수 없다. ──── ( )

(4) 법을 잘 지키면 질서가 유지되는 안전하고 정의로운 사회를 만들 수 있다. ── ( )

3 법의 역할로 알맞지 <u>않은</u> 것을 고르세요. ( )

① 개인의 생명과 재산을 보호한다.

② 건강하고 쾌적한 환경을 유지하게 한다.

③ 사람들 간에 발생한 분쟁을 공정하게 해결한다.

④ 사람들을 범죄로부터 보호하고 사고를 예방한다.

⑤ 자신의 권리를 지키기 위해 다른 사람의 권리를 침해할 근거를 마련한다.

4 <보기>의 ㉠과 ㉡에 대한 설명으로 알맞지 <u>않은</u> 것을 고르세요. ( )

〈보기〉

– 건물에 화재 등 위급한 상황이 발생했을 때 소방차가 제때 들어와야 소중한 생명을 구하고 재산을 보호할 수 있습니다. 이에 ㉠「소방 기본법」에 따라 소방차 전용 구역을 정하고, 이곳에 불법 주차를 하는 차는 과태료를 내거나 강제로 처분하도록 하고 있습니다.

– 폐수는 하천에 사는 동식물들을 병들게 해서 생태계를 파괴할 뿐 아니라 사람들에게도 피해를 줄 수 있습니다. 그래서 공장 등에서 몰래 폐수를 버린 경우에는 ㉡「물 환경 보전법」에 따라 과태료를 물거나 영업을 정지당하게 됩니다.

① ㉠과 ㉡을 어긴 경우에는 모두 나라의 제재를 받는다.

② ㉠은 개인의 권리를 보호하는 법의 역할과 관련이 있다.

③ ㉠은 범죄로부터 사람들을 안전하게 보호하는 역할을 한다.

④ ㉡은 우리 사회의 질서를 유지하는 법의 역할과 관련이 있다.

⑤ ㉡은 쾌적한 환경을 마련하여 건강한 삶을 살 수 있도록 한다.

5 다음 구조도의 빈칸에 들어갈 알맞은 어휘를 쓰세요.

법의 역할

개인의 [　　] 보호

- 개인의 생명과 재산을 보호한다.
- 개인이 권리를 침해당했을 때 해결할 방법을 안내하고 [　　]한다.
- 분쟁이 발생했을 때 공정하게 해결한다.

사회 질서 유지

- [　　]로부터 사람들을 안전하게 보호한다.
- 사고와 감염병 등을 예방한다.
- 쾌적한 [　　]을 마련한다.

6 다음과 같은 법의 역할을 조건에 맞게 쓰세요.

「소방 기본법」에 따라 화재를 예방·진압하고 구조 활동을 한다.

〈조건〉

1. '법은 ～ 역할을 합니다.'의 형식에 맞게 쓰세요.
2. 한 문장으로 쓰세요.

▼ 다음 글을 읽고 물음에 답하세요. (1~3)

(가)   사람이 사람답게 살아가기 위해 당연히 누려야 할 기본적인 권리를 인권이라고 해요. 인권은 모든 사람이 태어날 때부터 가지는 권리예요. 나이, 성별, 인종 등과 상관없이 누구에게나 동등하게 주어지며, 다른 사람이 함부로 빼앗거나 침해할 수 없어요.

(나)

대한민국 헌법

제10조 모든 국민은 인간으로서의 존엄과 가치를 가지며, 행복을 추구할 권리를 가진다. 국가는 개인이 가지는 불가침의 기본적 인권을 확인하고 이를 보장할 의무를 진다.

제12조 ① 모든 국민은 신체의 자유를 가진다.

제41조 ① 국회는 국민의 보통·평등·직접·비밀 선거에 의하여 선출된 국회의원으로 구성한다.

1 (가)~(라)를 바탕으로 할 때 인권에 대한 설명으로 알맞지 <u>않은</u> 것을 고르세요. (   )

① 일정한 나이가 되면 갖게 되는 권리이다.

② 타인이 빼앗거나 침해할 수 없는 권리이다.

③ 사람이라면 누구에게나 동등하게 주어지는 권리이다.

④ 사람답게 살기 위해 당연히 누려야 할 기본적인 권리이다.

⑤ 우리나라 헌법에는 국민의 인권을 보장하는 내용이 담겨 있다.

2 (다)~(라)를 바탕으로 (나)를 이해한 내용으로 알맞지 <u>않은</u> 것을 고르세요. (   )

① 헌법 제10조는 국민의 인권을 보장하는 내용을 담고 있다.

② 헌법 제12조 제1항은 자유롭게 행동할 권리를 보장하는 조항이다.

③ 헌법 제12조 제1항은 국민의 기본권 중 자유권을 보장하는 조항이다.

④ 헌법 제41조 제1항은 국민의 기본권 중 참정권을 보장하는 조항이다.

⑤ 헌법 제41조 제1항은 국가 기관인 국회를 조직하는 원칙과 방법을 담고 있다.

(다)　헌법은 우리나라 최고의 법으로, 모든 법의 기본이 되는 법이에요. 모든 법과 제도는 헌법을 바탕으로 만들어져요. 헌법은 모든 국민이 차별받지 않고 인간다운 삶을 살 수 있도록 국민의 인권을 보장하는 내용을 담고 있어요. 또한 헌법에는 대한민국 국민이 누려야 할 권리와 지켜야 할 의무가 나타나 있어요. 그리고 나라를 어떻게 꾸려 갈 것인지, 여러 국가 기관을 어떻게 조직할 것인지 등 국가를 운영하는 원칙과 방법도 담겨 있어요.

(라)　우리나라 헌법은 국민이 인간답게 살아가는 데 필요한 권리를 기본법으로 정해 보장하고 있어요. 헌법이 보장하는 기본권에는 평등권, 자유권, 참정권, 사회권, 청구권 등이 있어요. 평등권은 모든 국민이 동등하게 대우받을 권리예요. 자유권은 자유롭게 생각하고 행동할 수 있는 권리이고, 참정권은 국민이 정치에 참여할 수 있는 권리예요. 사회권은 국민이 인간다운 생활을 보장해 달라고 국가에 요구할 수 있는 권리예요. 이러한 국민의 권리가 침해되었을 때는 민원을 넣거나 재판을 요청해서 국가에 구제해 달라고 요구할 수 있어요. 이를 청구권이라고 해요.

3 (다)~(라)를 바탕으로 <보기>의 ㉠~㉣을 이해한 내용으로 알맞지 <u>않은</u> 것을 고르세요. (　　　)

─〈보기〉─

헌법 재판소 "인터넷 실명제는 위헌" … 5년 만에 '폐지'

　헌법 재판소는 ㉠인터넷 실명제가 표현의 자유를 침해한다며 누리꾼 등이 제기한 헌법 소원(헌법 재판소에 기본권 구제를 청구하는 일)에 대해 헌법에 어긋나는 제도라고 결정했다. ㉡이에 따라 인터넷 실명제가 5년여 만에 폐지된다. 인터넷 실명제는 사이버 범죄 예방을 위해 인터넷 게시판에 개인 정보를 입력한 뒤 글을 남길 수 있도록 하는 제도다.

　헌법 재판소는 인터넷 실명제가 "㉢이용자의 표현의 자유와 운영자의 언론의 자유를 침해하고, ㉣주민 등록 번호가 없는 재외국민(외국에 나가서 살고 있는 국민)의 이용을 어렵게 하며, 개인 정보 유출 가능성이 높다는 점을 볼 때 헌법에 어긋난다."고 설명했다.

① ㉠: 누리꾼 등은 청구권을 통해 침해된 권리를 구제받고자 했다.
② ㉡: 어떤 제도가 헌법에 어긋나면 관련된 헌법 조항을 폐지한다.
③ ㉡: 헌법에 따라 인권을 침해하는 제도를 폐지해 인권을 보호한다.
④ ㉢: 헌법 재판소는 인터넷 실명제가 자유권을 침해한다고 판단했다.
⑤ ㉣: 헌법 재판소는 인터넷 실명제가 평등권도 침해한다고 판단했다.

▼ 문장의 빈칸에 들어갈 알맞은 어휘를 보기 에서 골라 쓰세요. (1~5)

01 인권을 지키기 위한 노력에는 어떤 것이 있을까요? 보기 **교육** / **보장** / **인권** / **침해**

(1) 사람이 사람답게 살아가기 위해 당연히 누려야 할 권리를 (   )(이)라고 한다.

(2) 우리 사회는 사회 보장 제도를 마련하고 인권 보호 기관을 운영하는 등 인권 (   )을/를 위해 노력하고 있다.

02 헌법이란 무엇일까요? 보기 **국가** / **재판** / **제도** / **헌법**

(1) (   )은/는 모든 법의 기본이 되는 우리나라 최고의 법이다.

(2) 헌법에는 국민의 인권을 보장하는 내용과 국민의 권리와 의무, (   )을/를 운영하는 원칙과 방법이 담겨 있다.

03 헌법에 나타난 기본권과 의무에는 어떤 것이 있을까요? 보기 **기본권** / **의무** / **의미** / **자유**

(1) 헌법에서 보장하는 (   )에는 평등권, 자유권, 참정권, 사회권, 청구권 등이 있다.

(2) 헌법이 정하는 국민의 (   )에는 교육, 근로, 납세, 국방, 환경 보전의 의무 등이 있다.

04 법이란 무엇일까요? 보기 **규칙** / **도덕** / **법** / **인권**

(1) (   )은 국가가 만든 강제성을 지닌 사회 규범이다.

(2) 법이 사회 변화에 맞지 않거나 (   )을 침해하면 법을 바꾸거나 새로 만들기도 한다.

05 법은 어떤 역할을 할까요? 보기 **권리** / **사회 질서** / **절차** / **환경**

(1) 법은 개인의 (   )을/를 보호하고 사회 질서를 유지하는 역할을 한다.

(2) 법을 준수하면 자신과 다른 사람의 권리를 보장받고 (   )을/를 유지할 수 있다.

01 고조선은 어떤 나라였을까요?

정답과 해설 13쪽

✦ 개념

▼ 그림으로 중요한 개념을 만나 보세요.

고조선의 건국 이야기

환웅이 인간 세상에
내려옴

▶

곰과 호랑이가
사람이 되고자 함

▶

사람이 된 곰(웅녀)이
환웅과 결혼해
아들(단군왕검)을 낳음

▶

단군왕검이
고조선을 세움

✦ 어휘

▼ 개념에서 살펴본 어휘를 문장의 빈칸에 써 보세요.

⬚⬚ 이 무리를 이끌고 하늘에서 인간 세상으로 내려왔어요.

사람이 되고 싶어 한 ⬚ 이 여자인 웅녀로 변했어요.

환웅과 웅녀가 결혼해 낳은 아들이 바로 ⬚⬚⬚ 이에요.

단군왕검은 우리 역사 속 최초의 국가인 ⬚⬚ 을 세웠어요.

고조선은 우리 역사 속 최초의 국가예요.

고조선의 문화유산

비파형 동검

청동으로 만든
비파 모양의 칼

미송리식 토기

평안북도 의주군 미송리에서 나온
손잡이가 달린 무늬 없는 토기

탁자식 고인돌

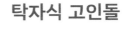

2개의 받침돌을 세우고 덮개돌을
얹어 만든 탁자 모양의 돌무덤

고조선을 대표하는 세 가지 ☐☐☐☐ 이 있어요.

고조선에서는 청동 칼인 ☐☐☐☐☐ 을 만들어 썼어요.

고조선에서는 손잡이가 달린 ☐☐☐☐☐☐ 를 만들어 썼어요.

고조선에서는 지배자가 죽으면 ☐☐☐☐☐☐ 을 세워 묻었어요.

고조선은 어떤 나라였을까요?

▼ 다음 글을 읽고 물음에 답하세요. (1~6)

핵심 개념

**고조선의
건국**

❶ 고조선은 우리 역사 속 최초의 국가예요. 청동기 시대에 한반도와 주변 지역에서는 여러 집단들이 나타났어요. 이들 중 강한 집단은 다른 집단을 정복하며 세력을 키웠어요. 이러한 과정에서 고조선이 세워졌어요.

**고조선의
건국 이야기**

❷ 『삼국유사』에는 다음과 같은 고조선의 건국 이야기가 실려 있어요. 옛날에 하늘을 다스리는 환인의 아들인 환웅이 바람, 비, 구름을 다스리는 신하 등을 이끌고 내려와 인간 세상을 다스렸어요. 어느 날, 곰과 호랑이가 환웅을 찾아와 사람이 되게 해 달라고 빌었어요. 환웅은 백 일 동안 동굴에서 햇빛을 보지 않고 쑥과 마늘만 먹으면 사람이 될 것이라고 말해 주었어요. 하지만 호랑이는 참지 못하여 동굴을 뛰쳐나갔고, 곰은 환웅의 말을 잘 지켜 여자인 웅녀가 되었어요. 웅녀는 환웅과 결혼해 아들을 낳았는데, 그가 훗날 고조선을 세운 단군왕검이에요.

**고조선의
문화유산**

❸ 고조선은 우수한 청동기 문화를 바탕으로 독특한 문화를 발전시켰어요. 고조선을 대표하는 문화유산에는 비파형 동검, 미송리식 토기, 탁자식 고인돌이 있어요. 이 문화유산들은 주로 중국의 동북쪽 지역과 한반도 북부 지역에 분포해 있어요. 고조선의 문화유산이 발견된 지역을 살펴보면 고조선의 문화 범위가 어디까지였는지 짐작할 수 있어요.

**고조선의
법**

❹ 한편 고조선에는 사회 질서를 유지하기 위한 여덟 개의 법 조항이 있었어요. 오늘날에는 그중 세 개가 전해지고 있는데, 이 내용으로 고조선 사람들의 생활 모습을 짐작할 수 있어요. 고조선의 법에 따르면 사람을 죽인 사람은 사형에 처했어요. 이것을 보면 고조선에서는 살인과 같은 큰 죄를 지은 사람을 엄격하게 처벌했다는 것을 알 수 있지요. 남에게 상해를 입힌 사람은 곡식으로 갚아야 했는데, 이를 통해서는 개인의 재산을 인정했다는 것을 알 수 있어요. 또한 도둑질한 사람은 노비로 삼았으며 50만 전을 내야 풀려날 수 있었다는 것을 보면, 신분이 나뉘어 있었으며 화폐를 사용했다는 점을 알 수 있어요.

낱말 풀이

• **『삼국유사』** 고려 시대에 승려 일연이 고조선부터 후삼국까지 있었던 일을 정리한 역사책.
• **조항** 법률이나 규정 등에 있는 내용 하나하나.
• **사형** 죄인의 목숨을 끊음.
• **상해** 남을 다치게 하여 해를 끼침.

1 문단별 중심 문장의 빈칸에 들어갈 알맞은 핵심 어휘를 찾아 √표 하세요.

고조선은 어떤 나라였을까요?

❶문단 (   )은/는 우리 역사 속 최초의 국가이다.

- ☐ 고조선
- ☐ 한반도

❷문단 『삼국유사』에는 고조선을 세운 (   )의 이야기가 실려 있다.

- ☐ 환웅
- ☐ 단군왕검

❸문단 고조선의 대표적인 (   )이/가 분포한 지역을 보면 고조선의 문화 범위를 짐작할 수 있다.

- ☐ 문화유산
- ☐ 곰과 호랑이

❹문단 고조선의 사회 질서를 유지하기 위한 (   )을 보면 고조선 사람들의 생활 모습을 짐작할 수 있다.

- ☐ 법 조항
- ☐ 비파형 동검

2 이 글을 읽고 알 수 있는 내용으로 알맞은 것에는 ○표, 알맞지 않은 것에는 ✕표 하세요.

(1) 고조선은 청동기 시대에 세워진 나라이다. ──────── (   )

(2) 고조선은 신분이 나뉘지 않은 평등한 사회였다. ──────── (   )

(3) 탁자식 고인돌은 고조선의 대표적인 문화유산이다. ──────── (   )

(4) 고조선에는 남을 죽이거나 상해를 입힌 사람을 처벌하는 법이 없었다. ──────── (   )

자세히
읽기

3 다음 지도를 보고, 고조선의 문화유산에 대한 설명으로 알맞지 <u>않은</u> 것을 고르세요.　（　　）

① 미송리식 토기는 고조선의 문화 범위를 알려 주는 문화유산이다.

② 중국의 동북쪽 지역과 한반도 북부 지역은 고조선의 문화 범위였다.

③ 탁자식 고인돌은 주로 중국의 동북쪽 지역과 한반도 북부 지역에 분포해 있다.

④ 고조선을 대표하는 문화유산의 분포 지역을 보고 고조선의 문화 범위를 짐작할 수 있다.

⑤ 비파형 동검은 분포 지역으로 보아 고조선을 대표하는 문화유산이 아니라는 것을 알 수 있다.

깊이
읽기

4 이 글과 <보기>를 읽고 알 수 있는 내용으로 알맞지 <u>않은</u> 것을 고르세요.　（　　）

〈보기〉

　『삼국유사』에 실린 고조선의 건국 이야기에서 환웅은 바람, 비, 구름을 다스리는 신하를 데리고 세상에 내려옵니다. 이것은 당시 사람들이 농사를 중요하게 생각했다는 것을 알려 줍니다. 농사지을 때는 날씨가 중요하기 때문입니다. 또한 환웅이 하늘에서 내려왔다는 이야기에서 고조선의 지배층이 스스로 하늘의 자손이라고 내세웠다는 것도 알 수 있습니다. 한편 곰과 호랑이는 곰을 믿는 집단과 호랑이를 믿는 집단을 뜻하고, 곰과 환웅이 결혼해 단군왕검을 낳은 것은 곰을 믿는 집단이 환웅의 집단과 함께 고조선을 세웠다는 것을 의미합니다.

① 고조선 사람들은 농사를 중요하게 생각했다.

② 고조선의 지배층은 자신들이 하늘의 자손이라고 내세웠다.

③ 『삼국유사』에서 단군왕검은 환웅과 웅녀 사이에서 난 아들이다.

④ 곰을 믿는 집단과 호랑이를 믿는 집단이 손잡고 고조선을 세웠다.

⑤ 고조선의 건국 이야기를 보면 고조선이 건국될 무렵의 사회 모습과 역사적 사실을 짐작할 수 있다.

5 다음 구조도의 빈칸에 들어갈 알맞은 어휘를 쓰세요.

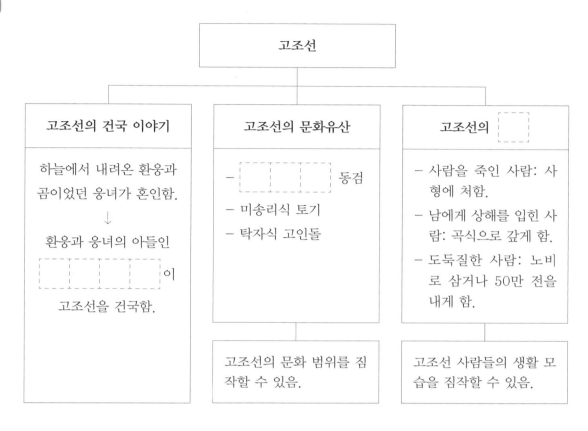

고조선

| 고조선의 건국 이야기 | 고조선의 문화유산 | 고조선의 ▢ |

고조선의 건국 이야기

하늘에서 내려온 환웅과
곰이었던 웅녀가 혼인함.
↓
환웅과 웅녀의 아들인
▢▢▢▢이
고조선을 건국함.

고조선의 문화유산

– ▢▢▢ 동검
– 미송리식 토기
– 탁자식 고인돌

고조선의 문화 범위를 짐
작할 수 있음.

고조선의 ▢

– 사람을 죽인 사람: 사
형에 처함.
– 남에게 상해를 입힌 사
람: 곡식으로 갚게 함.
– 도둑질한 사람: 노비
로 삼거나 50만 전을
내게 함.

고조선 사람들의 생활 모
습을 짐작할 수 있음.

6 다음 고조선의 법 조항을 통해 알 수 있는 고조선의 생활 모습을 <조건>에 맞게 쓰세요.

남에게 상해를 입힌 사람은
곡식으로 갚는다.

― 〈조건〉 ―
1. '고조선에서는 ~ 알 수 있습니다.'의 형식에 맞추
어 쓰세요.
2. 한 문장으로 쓰세요.

- - - - - - - - - - - - - - - - - - - -

- - - - - - - - - - - - - - - - - - - -

02 삼국은 어떻게 성장했을까요?

정답과 해설 14쪽

▼ 그림으로 중요한 개념을 만나 보세요.

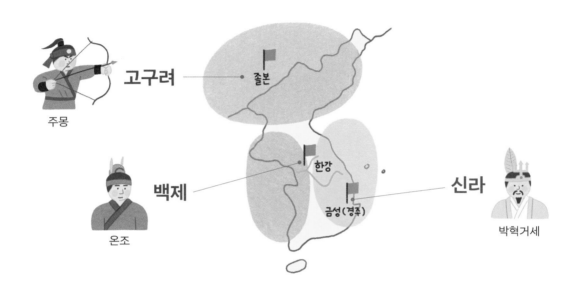

삼국의 건국

고구려 — 졸본

주몽

백제 — 한강

온조

신라 — 금성(경주)

박혁거세

▼ 개념에서 살펴본 어휘를 문장의 빈칸에 써 보세요.

고구려, 백제, 신라가 등장하는 ☐☐☐ 시대가 열렸어요.

☐☐☐ 는 주몽이 압록강 근처 졸본에 세운 나라예요.

☐☐ 는 온조가 한강 유역에 세운 나라예요.

☐☐ 는 박혁거세가 경주 지역에 세운 나라예요.

삼국은 한강을 두고 경쟁하여 차례차례 전성기를 맞았어요.

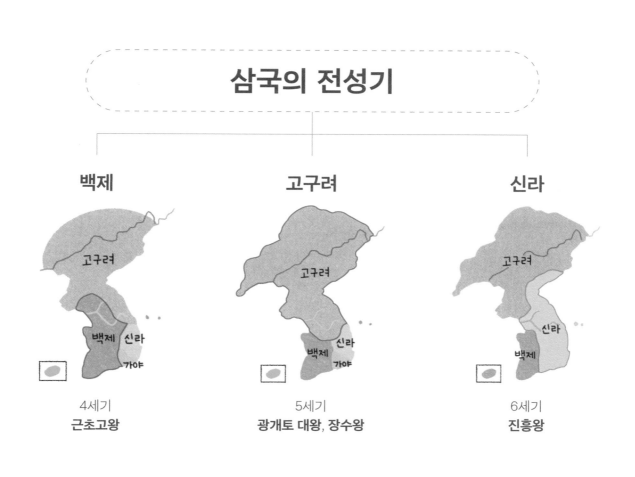

삼국은 차례차례 한강을 차지하면서 **전성기**를 맞았어요.

백제는 4세기 　　　　 때 제일 먼저 전성기를 맞았어요.

고구려는 5세기 　　　　　　 과 **장수왕** 때 전성기를 맞았어요.

신라는 6세기 　　　 때 전성기를 맞았어요.

삼국은 어떻게 성장했을까요?

▼ 다음 글을 읽고 물음에 답하세요. (1~6)

핵심 개념

**삼국의
건국**

❶ 고조선이 멸망한 후 한반도와 주변 지역에 여러 나라가 세워졌어요. 그중 고구려, 백제, 신라가 영토를 넓히고 왕권을 강화하여 나라의 기틀을 다져 나갔어요. 삼국은 서로 경쟁하기도 하고 힘을 합하기도 하면서 발전했어요.

**백제의
전성기**

❷ 삼국 중 가장 먼저 전성기를 맞은 나라는 백제예요. 백제는 온조가 한강 유역에 세운 나라예요. 한강 유역은 땅이 넓고 기름져 농사짓기에 좋았고, 한반도 서쪽 바다인 황해를 건너 중국과 교류하며 발달된 문화를 받아들이기 유리했어요. 덕분에 백제는 삼국 중 가장 먼저 발전했어요. 4세기 근초고왕 때는 남쪽으로 남해안까지 영토를 넓히고, 북쪽으로 고구려를 공격해 영토를 넓히며 전성기를 맞았어요. 그리고 중국, 일본 등 주변 나라들과 활발하게 교류했어요.

**고구려의
전성기**

❸ 고구려는 주몽이 압록강 근처 졸본에 도읍을 정하고 세운 나라예요. 그 뒤 고구려는 국내성으로 도읍을 옮기고, 주변 나라를 정복하며 꾸준히 영토를 넓혔어요. 그리고 5세기 광개토 대왕과 장수왕 때 이르러 전성기를 맞았어요. 광개토 대왕은 서쪽으로 나아가 요동 지역을 차지하고, 남쪽으로는 백제를 공격해 한강 북쪽까지 영토를 크게 넓혔어요. 광개토 대왕의 뒤를 이어 왕이 된 장수왕은 이러한 아버지의 업적을 기리기 위해 광개토 대왕릉비를 세웠어요. 장수왕은 국내성에서 평양성으로 도읍을 옮긴 후 백제를 공격하여 한강 유역을 모두 차지했어요.

**신라의
전성기**

❹ 신라는 박혁거세가 경주 지역에 세운 나라예요. 한반도의 동남쪽에 위치한 신라는 삼국 중에서 발전이 가장 늦었어요. 6세기에 진흥왕은 신라의 힘을 크게 키워 전성기를 이루었어요. 진흥왕은 백제와 힘을 합쳐 고구려가 차지하고 있던 한강 상류 지역을 빼앗았어요. 이후 백제와 약속을 깨고 백제가 차지했던 한강 하류 지역까지 모두 차지했어요. 그리고 당시 가야 연맹을 이끌던 대가야를 정복하여 영토를 흡수했어요. ㉠ 가야는 낙동강 유역에 있던 여러 작은 나라들이 힘을 합쳐 이룬 연맹 국가예요. 하지만 강력한 나라로 발전하기 전에 신라에 정복되었어요. 진흥왕은 영토를 넓힌 것을 기념하기 위해 정복한 지역에 네 개의 순수비를 세웠어요.

낱말 풀이

- **전성기** 어느 집단의 힘이 가장 강한 시기.
- **도읍** 옛날에 한 나라의 수도(중앙 정부가 있는 도시)를 이르던 말.
- **요동 지역** 중국의 랴오허강을 기준으로 그 동쪽에 있는 지역.
- **연맹 국가** 여러 작은 나라나 부족이 힘을 합쳐 하나의 국가를 이룬 것.
- **순수비** 임금이 살피며 돌아다닌 곳을 기념하기 위해 세운 비석.

1 문단별 중심 문장의 빈칸에 들어갈 알맞은 핵심 어휘를 찾아 √표 하세요.

삼국은 어떻게 성장했을까요?

❶문단 고구려, 백제, 신라 등 (   )이 크게 성장해 서로 경쟁하거나 힘을 합치며 발전했다.

☐ 삼국
☐ 고조선

❷문단 한강 유역에 자리 잡은 (   )는 4세기 근초고왕 때 삼국 중 가장 먼저 전성기를 맞았다.

☐ 백제
☐ 신라

❸문단 졸본에 도읍을 정한 (   )는 5세기 광개토 대왕과 장수왕 때 영토를 크게 넓히며 전성기를 맞았다.

☐ 백제
☐ 고구려

❹문단 경주 지역에 자리 잡은 (   )는 6세기 진흥왕 때 전성기를 맞았다.

☐ 신라
☐ 고구려

2 이 글을 읽고 알 수 있는 내용으로 알맞은 것에는 ○표, 알맞지 않은 것에는 ✕표 하세요.

(1) 고조선이 멸망한 이후 고구려, 백제, 신라가 등장했다. ─────── (   )

(2) 삼국은 백제, 고구려, 신라의 순서로 전성기를 맞았다. ─────── (   )

(3) 백제는 중국, 일본 등 주변 나라들과 활발하게 교류했다. ─────── (   )

(4) 광개토 대왕은 영토를 크게 넓힌 것을 기념하려고 순수비를 세웠다. ─────── (   )

3 다음 지도를 보고, (가)~(다) 시기에 대한 설명으로 알맞은 것을 고르세요. ( )

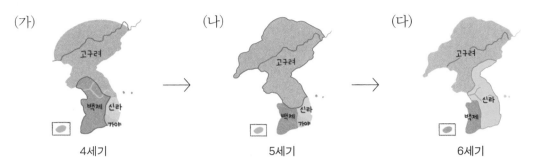

(가) 4세기 → (나) 5세기 → (다) 6세기

① (가) 시기: 근초고왕이 백제의 전성기를 이끌었다.

② (가) 시기: 고구려의 장수왕이 평양성으로 도읍을 옮겼다.

③ (나) 시기: 백제가 영토를 넓히며 주변 나라들과 활발하게 교류했다.

④ (나) 시기: 신라의 진흥왕이 가야를 정복하여 가야의 영토를 흡수했다.

⑤ (다) 시기: 고구려의 광개토 대왕이 백제를 공격하여 한강 유역을 차지했다.

4 이 글과 <보기>를 읽고, '㉠ 가야'에 대한 설명으로 알맞지 <u>않은</u> 것을 고르세요. ( )

〈보기〉

　　삼국이 세워질 무렵, 한반도의 남쪽 낙동강 유역에는 대가야, 금관가야 등 여러 작은 나라들이 모여 가야 연맹을 이루었습니다. 가야는 품질 좋은 철을 풍부하게 생산하여 '철의 왕국'이라 불리며, 여러 나라에 철을 수출하기도 했습니다. 그러나 가야는 하나의 큰 나라로 발전하지 못한 채, 결국 신라와의 싸움에 져서 멸망했습니다.

① 신라 진흥왕 때 멸망했다.

② 하나의 큰 나라로 발전하지 못했다.

③ 다른 나라에 품질 좋은 철을 수출했다.

④ 대가야와 금관가야는 한강 유역을 놓고 전쟁을 벌였다.

⑤ 낙동강 유역의 작은 나라들이 모여 이룬 연맹 국가이다.

5 다음 구조도의 빈칸에 들어갈 알맞은 어휘를 쓰세요.

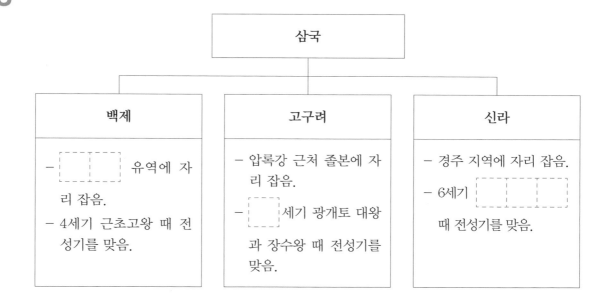

삼국

백제	고구려	신라
- ☐☐ 유역에 자리 잡음. - 4세기 근초고왕 때 전성기를 맞음.	- 압록강 근처 졸본에 자리 잡음. - ☐세기 광개토 대왕과 장수왕 때 전성기를 맞음.	- 경주 지역에 자리 잡음. - 6세기 ☐☐☐ 때 전성기를 맞음.

6 다음 그림과 같이 삼국이 한강 유역을 차지하려고 경쟁한 까닭을 쓰세요.

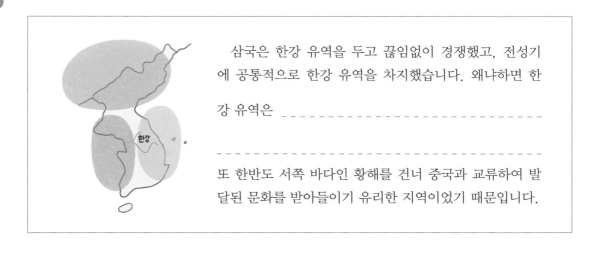

삼국은 한강 유역을 두고 끊임없이 경쟁했고, 전성기에 공통적으로 한강 유역을 차지했습니다. 왜냐하면 한강 유역은 _____

_____

또 한반도 서쪽 바다인 황해를 건너 중국과 교류하여 발달된 문화를 받아들이기 유리한 지역이었기 때문입니다.

3단원
고조선·삼국·
고려의 역사

03 삼국 통일과 발해의 건국은
어떻게 이뤄졌을까요?

정답과 해설 15쪽

✦ 개념

▼ 그림으로 중요한 개념을 만나 보세요.

신라의 삼국 통일

| 신라·당 동맹 | 백제·고구려 멸망 | 신라·당의 전쟁 | 삼국 통일 |

 ▶  ▶  ▶

신라와 당이
동맹을 맺음
▶
신라와 당의 연합군이
백제와 고구려를 멸망시킴
▶
당이 한반도를 넘보자
신라가 당과 전쟁을 벌임
▶
신라가 당을 몰아내고
삼국 통일을 이룸

✦ 어휘

▼ 개념에서 살펴본 어휘를 문장의 빈칸에 써 보세요.

□□□ 가 당과 동맹을 맺었어요.

신라는 당과 함께 □□□ 와 □□□ 를 차례로 멸망시켰어요.

그런데 당이 한반도 전체를 넘보자 신라는 □ 과 전쟁을 벌였어요.

신라는 당을 몰아내고 □□□ 을 이뤘어요.

▶▶ 한 문장 정리
신라가 백제와 고구려를 멸망시킨 뒤 삼국을 통일했고,
그 후 고구려 옛 땅에는 발해가 세워졌어요.

발해의 건국과 발전

대조영

대조영이 발해를
건국함

고구려 계승

스스로 고구려를 계승한
나라라고 내세움

해동성국

당에서 발해를
해동성국이라 부름

→ 해동성국: 바다 동쪽에서 기운차게
일어나 번성하는 나라

옛 고구려의 장군이었던 [ ]이 발해를 세웠어요.

발해는 스스로 [ ]를 계승한 나라라고 내세웠어요.

발해는 **고구려**의 옛 땅을 대부분 되찾고 전성기를 맞았어요.

당은 발해를 바다 동쪽의 번성한 나라라는 뜻에서 [ ]이라고 불렀어요.

삼국 통일과 발해의 건국은 어떻게 이뤄졌을까요?

▼ 다음 글을 읽고 물음에 답하세요. (1~6)

핵심 개념

**신라의
삼국 통일**

❶ 6세기에 신라는 한강 유역을 차지하고 전성기를 맞았어요. 하지만 백제의 계속된 공격으로 어려움을 겪었어요. 신라는 위기에서 벗어나려고 고구려에 김춘추를 보내 도움을 요청했으나 거절당했어요. 그러자 이번에는 당에 도움을 요청했어요. 당시 당은 고구려를 여러 번 공격했지만 계속 실패하였지요. 신라와 당은 서로 돕기로 하고 동맹을 맺었어요. 신라와 당의 연합군은 먼저 백제를 공격했어요. 계백이 이끄는 백제군이 김유신이 이끄는 신라군에 맞서 강하게 저항했지만, 이 무렵 나라가 혼란했던 백제는 연합군의 공격에 속수무책으로 당해 멸망했어요. 이어서 연합군은 고구려를 공격했어요. 거듭된 전쟁과 권력 다툼으로 힘이 약해진 고구려 역시 연합군의 공격에 멸망했어요.

❷ 백제와 고구려가 멸망하자 당은 한반도 전체를 차지하려고 했어요. 당의 속셈을 알아챈 신라는 한반도에서 당을 몰아내기 위해 전쟁을 벌였어요. 고구려의 유민들도 신라를 도왔어요. 끈질긴 전쟁 끝에 신라군은 매소성과 기벌포에서 당의 군대를 크게 무찔렀어요. 신라는 마침내 당과의 전쟁에서 승리하고, 삼국 통일을 이루었어요. 신라의 삼국 통일은 우리 민족 최초의 통일로, 고구려, 백제, 신라의 문화가 한데 어우러져 우리 민족 문화가 새롭게 발전할 수 있는 발판이 되었어요. 하지만 고구려가 차지하고 있던 땅을 대부분 잃었고, 스스로의 힘이 아닌 당을 끌어들여 통일을 이루었다는 점에서 아쉬움이 있지요.

**발해의
건국과 발전**

❸ 한편 고구려가 멸망한 뒤에 당은 고구려 유민들을 강제로 끌고 갔어요. 그중에는 옛 고구려의 장군이었던 대조영도 있었어요. 대조영은 당이 혼란스러운 틈을 타 고구려 유민과 말갈족을 이끌고 탈출해 동모산 기슭에 발해를 세웠어요. 발해는 스스로 고구려를 계승한 나라라고 내세우고, 영토를 넓혀 고구려의 옛 땅을 대부분 되찾았어요.

❹ 발해는 당과 교류하며 당의 문물을 받아들이고, 말갈과 일본 등 주변 나라와도 활발하게 문화를 교류하면서 전성기를 맞았어요. 당에서는 이러한 발해를 '바다 동쪽에 있는 크게 번성한 나라'라는 뜻에서 해동성국이라고 불렀어요.

낱말 풀이

• **동맹** 둘 이상의 나라가 힘을 합치기로 하는 것.
• **연합군** 같은 목적을 가지고 하나의 지휘를 따르는 두 나라 이상의 군대.
• **유민** 나라가 망하여 여기저기 떠돌아다니면서 사는 백성.
• **계승** 앞선 시대 사람들이 남긴 전통이나 문화유산, 업적 등을 물려받아 이어 나감.

1

문단별 중심 문장의 빈칸에 들어갈 알맞은 핵심 어휘를 찾아 ✓표 하세요.

삼국 통일과 발해의 건국은 어떻게 이뤄졌을까요?

❶문단 (   )는 당과 동맹을 맺고 백제와 고구려를 멸망시켰다.
  ☐ 발해
  ☐ 신라

❷문단 신라는 (   )을/를 한반도에서 몰아내고 삼국을 통일했다.
  ☐ 당
  ☐ 고구려

❸문단 옛 고구려의 장군이었던 대조영이 (   )을/를 건국했다.
  ☐ 말갈
  ☐ 발해

❹문단 당은 전성기를 맞은 발해를 (   )(이)라고 불렀다.
  ☐ 고구려
  ☐ 해동성국

2

이 글을 읽고 알 수 있는 내용으로 알맞은 것에는 ○표, 알맞지 않은 것에는 ✕표 하세요.

(1) 신라는 고구려의 유민들과 함께 당을 몰아냈다. ─────────── (   )

(2) 고구려는 신라와 당 연합군의 공격을 받아 멸망했다. ───────── (   )

(3) 발해는 스스로 고구려를 계승한 나라라고 내세우며 당과 교류하지 않았다. ─── (   )

(4) 신라는 삼국을 통일한 뒤 고구려가 차지하고 있던 땅을 대부분 되찾았다. ─── (   )

3 다음 그림과 설명을 보고, 빈칸에 들어갈 일로 알맞은 것을 고르세요. (   )

고구려 멸망 → (   ) → 삼국 통일

① 신라가 당과 동맹을 맺었다.

② 계백이 백제군을 이끌고 신라군에 맞서 싸웠다.

③ 백제가 신라와 당 연합군의 공격을 받아 멸망했다.

④ 신라가 한반도를 차지하려는 당을 상대로 전쟁을 벌였다.

⑤ 백제의 공격으로 어려움에 처한 신라가 고구려에 도움을 요청했다.

4 이 글과 <보기>를 읽고 알 수 있는 내용으로 알맞지 <u>않은</u> 것을 고르세요. (   )

〈보기〉

– 당의 역사를 기록한 『구당서』에는 발해를 건국한 대조영이 고구려인의 한 갈래라고 기록되어 있습니다. 또 일본의 역사를 기록한 『속일본기』를 보면, 발해와 일본이 주고받은 국가 문서에서 발해의 왕을 '고려(고구려) 국왕'이라고 표현했습니다.

– 고구려와 발해의 기와는 모양이 비슷합니다. 발해의 막새기와는 원 안에 꽃잎이 둘러싸인 모습으로, 고구려의 막새기와와 닮았습니다. 발해의 집터 유적에서는 고구려 온돌과 같은 형태의 온돌이 발굴되었습니다. 발해의 무덤에서도 고구려의 양식을 엿볼 수 있습니다.

고구려의 막새기와   발해의 막새기와

● **막새기와** 기와지붕의 처마 끝부분을 마무리하는 기와.

① 발해는 고구려 사람인 대조영이 건국한 나라이다.

② 발해는 스스로 고구려를 계승한 나라라고 내세웠다.

③ 발해의 기와, 온돌 등을 보면 당의 영향을 받았음을 알 수 있다.

④ 『속일본기』의 기록을 통해 일본은 발해가 고구려를 계승했다고 여겼음을 알 수 있다.

⑤ 발해는 고구려 문화를 계승하면서 당, 일본 등 주변 나라와도 활발히 문화를 교류했다.

5 다음 구조도의 빈칸에 들어갈 알맞은 어휘를 쓰세요.

삼국 통일과 발해 건국

신라의 삼국 통일	발해의 건국과 발전

신라의 삼국 통일

신라와 ☐ 이 동맹을 맺음.
↓
백제 멸망
↓
고구려 멸망
↓
신라가 당을 몰아내고 삼국을 통일함.

발해의 건국과 발전

– ☐ 이 고구려 유민과

말갈족을 이끌고 건국함.

– 고구려를 계승함.

– 전성기에 ☐☐☐ 으로

불림.

6 다음 대화의 밑줄 친 부분에 들어갈 알맞은 말을 <조건>에 맞게 쓰세요.

— 〈조건〉 —

'삼국의 문화가 ~ 되었어요.'의 형식에 맞추어 삼국 통일의 의의를 쓰세요.

여러 나라로 갈라져 있던 우리 민족을 처음 통일한 나라인 신라는 대단한

것 같아요. 신라의 삼국 통일은

_____

_____

맞아. 하지만 통일 과정에서 당을 끌어들인 데다가 고구려가

차지하고 있던 북쪽 땅을 대부분 잃었다는 점에서는 비판을 받

기도 한단다.

04 삼국의 문화유산에는 어떤 것이 있을까요?

정답과 해설 16쪽

✦ 개념

▼ 그림으로 중요한 개념을 만나 보세요.

삼국의 고분과 문화유산

고구려

무용총에서 발견된
고분 벽화

백제

무령왕릉에서 발견된
중국 도자기

신라

금관총에서 발견된
금관

✦ 어휘

▼ 개념에서 살펴본 어휘를 문장의 빈칸에 써 보세요.

삼국은 **고분** 안에 많은 문화유산을 남겼어요.

고구려 고분인 무용총 등에서는 〔　　　〕〔　　　〕가 많이 발견되었어요.

백제 고분인 〔　　　　　〕에서는 중국 도자기 등 주변 나라의 물건이 발견되었어요.

신라 고분인 금관총 등에서는 〔　　〕 등 금으로 만든 물건이 많이 발견되었어요.

삼국의 문화유산을 통해
삼국의 우수한 문화와 생활 모습을 알 수 있어요.

삼국의 불교 문화유산

고구려

금동 연가 7년명 여래 입상

백제

익산 미륵사지 석탑

신라

황룡사 9층 목탑
(복원 상상화)

삼국은 모두 **불교**를 받아들여 많은 불교 문화유산을 남겼어요.

금동 연가 7년명 여래 입상은 ☐☐☐☐ 의 대표적인 불상이에요.

익산 미륵사지 석탑은 ☐☐ 에서 만든 탑이에요.

황룡사 9층 목탑은 ☐☐ 에서 만든 탑이에요.

삼국의 문화유산에는 어떤 것이 있을까요?

▼ 다음 글을 읽고 물음에 답하세요. (1~6)

핵심 개념

삼국의 고분

❶ 삼국이 자리 잡았던 지역에는 고분이 많이 남아 있어요. 고분은 옛날에 만들어진 무덤이에요. 삼국 시대 사람들은 무덤 안에 여러 물건을 함께 묻고, 무덤 벽에 그림을 그리기도 했어요. 죽은 뒤에도 살아 있을 때의 삶이 이어진다고 믿었기 때문이에요. 고분에 남아 있는 벽화나 유물을 보면 삼국의 문화와 생활 모습을 알 수 있어요.

삼국의 고분에서 나온 문화유산

❷ 특히 고구려는 고분 벽화를 많이 남겼어요. 무용총 등의 고분에 그려진 벽화를 살펴보면 고구려 사람들이 어떻게 생활했는지 짐작할 수 있지요. 백제에서는 무령왕의 무덤인 무령왕릉에서 다양한 유물이 발견되었어요. 백제의 물건뿐만 아니라 중국 도자기, 일본 소나무로 만든 관도 있었어요. 이러한 유물들로 백제가 주변 나라와 활발하게 교류했다는 것을 알 수 있어요. 금관총 등 신라 고분들에서는 금관과 금제 허리띠 등 금으로 만든 유물이 많이 발견되었어요. 이를 통해 신라의 금속 공예 기술이 얼마나 섬세했는지 엿볼 수 있어요.

삼국의 불교 문화유산

❸ 삼국 시대에는 불교문화가 발달했어요. 삼국은 백성의 마음을 하나로 모으고 왕권을 높이기 위해 불교를 받아들여 절을 짓고 탑과 불상을 만들었어요. 고구려는 삼국 중 가장 먼저 불교를 받아들였어요. 고구려의 대표적인 불상으로는 금동 연가 7년명 여래 입상이 있어요. 백제는 미륵사와 같이 규모가 큰 절을 지었어요. 오늘날 미륵사는 터와 석탑만 남아 있는데, 익산 미륵사지 석탑은 우리나라 석탑의 초기 모습을 잘 보여 주는 탑이에요. 신라는 고구려와 백제에 비해 불교를 늦게 받아들였지만, 그 후로 절과 탑을 많이 세우며 불교문화를 크게 발달시켰어요. 신라의 선덕 여왕은 이웃 나라가 쳐들어오지 않기를 바라며 황룡사 9층 목탑을 세웠어요.

통일 후 신라의 불교 문화유산

❹ 신라는 삼국을 통일한 뒤 불교문화를 더욱 꽃피웠어요. 대표적인 불교 문화유산으로는 불국사와 석굴암이 있어요. 불국사는 신라 사람들이 바라는 부처의 나라를 표현한 절이에요. 불국사의 삼층 석탑과 다보탑은 예술성이 매우 뛰어나지요. 석굴암은 돌을 다듬어 쌓아 만든 동굴 모양의 절이에요. 석굴 한가운데에 본존불이 있고 주변에는 다양한 조각이 있는데 그 솜씨가 아주 훌륭하고, 돌을 짜 맞추어 둥글게 쌓아 올린 천장은 매우 정교해서 신라의 우수한 건축 기술을 엿볼 수 있어요.

낱말 풀이

• **유물** 앞선 시대에 살았던 사람들이 남긴 물건.
• **본존불** 법당(절에서 불상을 모셔 놓은 장소)에 모신 부처 가운데 가장 중심이 되는 부처.

1

문단별 중심 문장의 빈칸에 들어갈 알맞은 핵심 어휘를 찾아 ✓표 하세요.

삼국의 문화유산에는 어떤 것이 있을까요?

❶문단 삼국 시대 (　　)에 남아 있는 벽화나 유물을 통해 당시의
문화와 생활 모습을 알 수 있다.

☐ 절
☐ 고분

---

❷문단 고구려는 많은 (　　　), 백제는 다양한 나라의 물건, 신라는
금으로 만든 유물 등을 고분 안에 남겼다.

☐ 금관
☐ 고분 벽화

---

❸문단 삼국은 왕권을 높이고 백성의 마음을 하나로 모으기 위해
(　　　)을/를 받아들여 절, 탑 등을 만들었다.

☐ 불교
☐ 공예 기술

---

❹문단 삼국 통일 후 신라의 불교문화를 보여 주는 문화유산으로
(　　　)와 석굴암이 있다.

☐ 미륵사
☐ 불국사

2

이 글을 읽고 알 수 있는 내용으로 알맞은 것에는 ○표, 알맞지 않은 것에는 ✕표 하세요.

(1) 백제는 주변 나라와 활발하게 교류했다. ────────────── (　　)

(2) 삼국 통일 후 신라의 불교문화는 점차 쇠퇴했다. ─────────── (　　)

(3) 황룡사 9층 목탑은 고구려의 불교 문화유산이다. ─────────── (　　)

(4) 삼국은 고구려, 백제, 신라의 순서로 불교를 받아들였다. ─────── (　　)

3 다음 사진을 보고, (가)~(다)의 공통점으로 알맞은 것을 고르세요. (　　)

(가)

금동 연가 7년명 여래 입상

(나)

익산 미륵사지 석탑

(다)

황룡사 9층 목탑(복원 모형)

① 고구려를 대표하는 문화유산이다.

② 삼국의 고분 안에서 발견된 문화유산이다.

③ 삼국의 불교문화를 보여 주는 문화유산이다.

④ 이웃 나라가 쳐들어오지 않기를 바라며 만든 문화유산이다.

⑤ 삼국이 주변 나라와 활발히 교류했다는 것을 알려 주는 문화유산이다.

4 다음 두 문화유산에 대한 설명으로 알맞지 <u>않은</u> 것을 고르세요. (　　)

〈보기〉

석굴암 본존불　　불국사 삼층 석탑

석굴암과 불국사는 통일 신라 불교문화의 우수성을 보여 주는 대표적인 문화유산입니다. 석굴암은 돌을 여러 방향에서 쌓아 올려 반원 형태의 천장을 중앙 기둥 없이 만들었습니다. 본존불을 비롯한 조각들은 돌을 깎아 만든 것이라고 믿어지지 않을 만큼 섬세하고 아름답습니다. 불국사의 '불국'은 '부처의 나라'라는 뜻으로, 불교의 이상 세계를 표현하였습니다. 불국사의 삼층 석탑은 균형과 조화의 아름다움을 드러내며 안정된 느낌을 줍니다. 석굴암과 불국사는 뛰어난 건축 예술과 과학 기술을 인정받아 유네스코 세계 유산으로 지정되었습니다.

① 석굴암과 불국사는 통일 후 신라의 불교 문화유산이다.

② 불국사 삼층 석탑은 신라의 선덕 여왕 때 만들어진 탑이다.

③ 불국사는 신라 사람들이 꿈꾸는 불교의 이상 세계를 표현한 절이다.

④ 석굴암과 불국사는 신라의 우수한 건축 기술을 엿볼 수 있는 문화유산이다.

⑤ 석굴암은 돌을 정교하게 쌓아 만든 절로, 신라의 뛰어난 건축 기술과 예술성을 보여 준다.

5 다음 구조도의 빈칸에 들어갈 알맞은 어휘를 쓰세요.

삼국의 문화유산

삼국의 [ ]과 문화유산

- 고구려: 무용총 등의 고분에서 고분 벽화가 많이 발견됨.
- 백제: [ ]에서 다양한 나라의 유물이 발견됨.
- 신라: 금관총 등의 고분에서 금으로 만든 유물이 많이 발견됨.

삼국의 불교 문화유산

- 고구려: 금동 연가 7년명 여래 입상
- 백제: 익산 미륵사지 석탑
- 신라: [ ] 9층 목탑

통일 후 신라의 불교 문화유산

- 통일 후 신라: 불국사, 석굴암

6 다음 대화의 밑줄 친 부분에 들어갈 알맞은 말을 <조건>에 맞게 쓰세요.

―――――――― 〈조건〉 ――――――――

'삼국은 ~ 받아들였어요.'의 형식에 맞추어 삼국이 불교를 받아들인 까닭을 쓰세요.

고구려, 백제, 신라는 불교를 받아들인 뒤에 많은 절과 탑을 지으며 불교문화를 발전시켰어요. 이처럼 삼국이 불교를 적극적으로 받아들인 까닭은 무엇일까요?

‒ ‒ ‒ ‒ ‒ ‒ ‒ ‒ ‒ ‒ ‒ ‒ ‒ ‒ ‒ ‒ ‒ ‒ ‒ ‒

불교는 나라를 다스리는 데 큰 도움이 되었어요.

✦ 개념

▼ 그림으로 중요한 개념을 만나 보세요.

고려의 건국과 후삼국 통일

후삼국 성립	고려 건국	신라 항복, 후백제 멸망	후삼국 통일

| 후백제, 후고구려, 신라의
후삼국 성립 | ▶ | 왕건이 고려를
세움 (918년) | ▶ | 신라가 스스로 항복하고
고려가 후백제를 멸망시킴 | ▶ | 고려가 후삼국을
통일함 (936년) |

✦ 어휘

▼ 개념에서 살펴본 어휘를 문장의 빈칸에 써 보세요.

신라 말에 견훤이 [　　　]를 세웠어요.

그리고 궁예가 [　　　]를 세워 후삼국이 이뤄졌어요.

궁예의 신하였던 왕건은 궁예를 몰아내고 [　　]를 세웠어요.

고려는 신라의 항복을 받고 후백제를 물리쳐 [　　　]을 [　　]했어요.

고려의 문화유산

고려청자

고려 시대에 만들어진
푸른빛의 도자기

팔만대장경

몽골의 침입을 물리치고자 부처의
가르침을 모은 대장경을 목판에 새긴 것

금속 활자

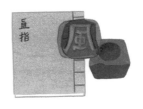

책을 인쇄하는 데 쓰려고
금속에 글자를 새긴 것

고려는 고려만의 독창적인 **문화**를 꽃피웠어요.

고려에서 만든 도자기인 [   ]는 빛깔과 무늬가 아름답기로 유명했어요.

고려 사람들은 부처의 가르침을 목판에 새겨 [   ]을 만들었어요.

고려 사람들은 세계 최초로 [   ]를 만들어 책을 인쇄했어요.

고려는 어떤 나라였을까요?

▼ 다음 글을 읽고 물음에 답하세요. (1~6)

핵심 개념

후삼국 성립

❶ 신라 말에는 왕의 자리를 두고 귀족끼리 다투면서 정치가 혼란스러웠어요. 그러자 지방에서 호족이라는 새로운 세력이 등장했어요. 호족은 경제력과 군사력을 바탕으로 자신의 지역을 직접 다스리며 힘을 키웠어요. 이들 중 견훤이 후백제를 세우고, 그 뒤 궁예가 후고구려를 세우면서 신라와 함께 후삼국을 이루었어요.

고려의 후삼국 통일

❷ 호족인 왕건은 궁예의 신하가 된 후, 후백제와의 전투에서 여러 번 승리를 이끌어 사람들의 믿음을 얻었어요. 반면 궁예는 호족을 억누르고 나라를 난폭하게 다스렸어요. 그러자 왕건은 신하들과 함께 궁예를 몰아내고 왕위에 올라 새 나라를 세웠어요. 왕건은 고구려를 계승한다는 뜻으로 나라 이름을 고려라고 했어요. 이후 나라를 유지하기 어렵게 된 신라가 스스로 고려에 항복하며 멸망했고, 그 뒤 고려가 후백제를 물리치고 후삼국을 통일했어요.

고려청자

❸ 고려는 독창적인 문화를 꽃피웠어요. 특히 고려청자는 고려의 대표 예술품이에요. 청자는 비색을 띠는 도자기로, 처음에는 중국의 기술을 받아들여 만들었으나 점차 고려만의 기술을 발달시켰어요. 이후 상감 기법을 이용해 독창적인 고려청자를 만들었어요. 상감 기법은 청자 겉면에 무늬를 파내고, 다른 색 흙으로 메꾼 후 굽는 기법이에요. 고려청자는 주로 귀족이 사용했고 병, 찻잔, 베개 등으로 다양하게 쓰였어요.

고려의 인쇄술

❹ 고려 시대에는 인쇄술도 발달했어요. 팔만대장경은 고려의 우수한 목판 인쇄술을 보여 주는 문화유산이에요. 당시 고려를 침입한 몽골을 부처의 힘으로 물리치고자, 팔만여 장의 목판에 부처의 가르침을 모은 대장경을 새긴 것이에요. 무려 16년에 걸쳐 완성된 팔만대장경은 여러 사람이 만들었음에도 글자 모양과 문장이 고르고 정확하며, 보존 상태도 뛰어나 고려의 우수한 목판 인쇄술을 잘 보여 주고 있어요.

❺ 그런데 목판은 같은 책을 여러 번 인쇄하기에는 편리했지만, 책마다 다른 목판을 만들어야 하는 불편함이 있었어요. 또 쉽게 썩고, 보관하기도 어려웠어요. 이러한 문제를 해결하고자 고려는 인쇄술을 더욱 발전시켜 세계 최초로 금속 활자를 만들었어요. 금속 활자는 한 글자씩 조합하여 판을 짤 수 있었고, 금속으로 만들어져 쉽게 상하지 않고 보관이 쉬웠지요. 고려 때 금속 활자로 인쇄한 『직지심체요절』은 오늘날 전해지는 금속 활자로 인쇄된 책 가운데 가장 오래된 책이랍니다.

낱말 풀이

• **호족** 통일 신라 말 지방에서 성장하여 고려 건국에 이바지한 세력.
• **비색** 밝고 은은한 초록색에 가까운 빛깔.
• **대장경** 부처의 가르침인 불교 경전을 모아 놓은 책.
• **『직지심체요절』** 고려 우왕 때인 1377년에 인쇄된 책. 세계 최초의 금속 활자본으로, 유네스코 세계 기록 유산이다.

1 문단별 중심 문장의 빈칸에 들어갈 알맞은 핵심 어휘를 찾아 √표 하세요.

고려는 어떤 나라였을까요?

❶문단 신라 말에 호족인 견훤과 궁예가 각각 (   )와 후고구려를 세웠다.

☐ 고려
☐ 후백제

❷문단 왕건은 (   )를 세우고 후삼국을 통일했다.

☐ 고려
☐ 후고구려

❸문단 고려 시대에 상감 기법을 이용한 독창적인 (   )이/가 만들어졌다.

☐ 고려청자
☐ 팔만대장경

❹문단 팔만대장경은 고려의 우수한 (   )을 보여 준다.

☐ 목판 인쇄술
☐ 활판 인쇄술

❺문단 『직지심체요절』은 (   )(으)로 인쇄한 가장 오래된 책이다.

☐ 목판
☐ 금속 활자

2 이 글을 읽고 알 수 있는 내용으로 알맞은 것에는 ○표, 알맞지 않은 것에는 ✕표 하세요.

(1) 신라 말, 호족이었던 견훤이 후백제를 건국했다. ················· (   )

(2) 왕건은 고구려를 계승한다는 뜻에서 나라 이름을 고려로 지었다. ··········· (   )

(3) 『직지심체요절』은 몽골의 침입을 이겨내고자 부처님의 가르침을
목판에 새긴 것이다. ················· (   )

(4) 고려는 중국의 기술을 받아들이고 점차 고려만의 기술을 발달시켜
독창적인 고려청자를 만들었다. ················· (   )

3 다음 중 (가) 시기에 있었던 일로 알맞은 것을 고르세요. （　　　）

901년	918년	935년
후고구려 건국	(가)	신라 멸망

① 고려가 후삼국을 통일했다.
② 후백제가 고려의 공격을 받아 멸망했다.
③ 견훤이 세력을 키워 후백제를 건국했다.
④ 왕건이 궁예를 몰아내고 고려를 건국했다.
⑤ 지방에서 새로운 세력인 호족이 나타나 성장했다.

4 이 글과 <보기>를 읽고, 고려청자에 대한 설명으로 알맞지 <u>않은</u> 것을 고르세요. （　　　）

〈보기〉

청자 상감 넝쿨무늬 잔받침

청자 상감
모란 구름 학 무늬 베개

　고려 사람들은 처음에 중국으로부터 기술을 받아들여 청자를 만들기 시작했습니다. 하지만 점차 기술을 발전시켜서 고려만의 아름다운 청자를 만들었습니다.
　고려청자의 맑고 투명한 비색은 중국에서도 '천하제일'이라고 감탄할 정도로 뛰어났습니다. 또 고려 사람들은 청자에 상감 기법을 이용해 무늬를 넣었습니다. 도자기에 국화, 학 등 무늬를 새긴 후, 그 자리를 흰색과 붉은색 흙으로 채운 뒤 낮은 온도에서 굽고, 유약을 발라 높은 온도에서 한 번 더 구우면 고운 비색에 선명한 무늬가 새겨진 상감 청자가 만들어졌습니다.

① 주로 일반 백성들의 생활용품으로 사용되었다.
② 중국에서 천하제일이라 할 정도로 맑고 투명한 빛깔이 뛰어났다.
③ 중국으로부터 청자 제작 기술을 받아들여 독창적으로 발전시켰다.
④ 상감 청자는 상감 기법으로 무늬를 새긴 도자기를 두 번 구워 만들었다.
⑤ 표면에 무늬를 새긴 다음 흰색과 붉은색 흙을 채워 장식하는 기법이 이용되었다.

다음 구조도의 빈칸에 들어갈 알맞은 어휘를 쓰세요.

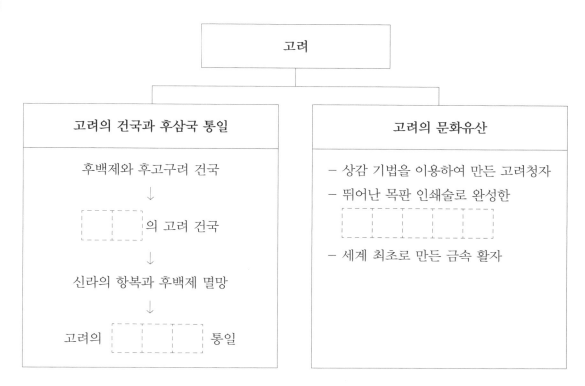

고려

고려의 건국과 후삼국 통일

후백제와 후고구려 건국

↓

［　　　］의 고려 건국

↓

신라의 항복과 후백제 멸망

↓

고려의 ［　　　］ 통일

고려의 문화유산

- 상감 기법을 이용하여 만든 고려청자
- 뛰어난 목판 인쇄술로 완성한
  ［　　　　］
- 세계 최초로 만든 금속 활자

다음과 같은 인쇄술의 발달 과정에서 금속 활자의 장점이 무엇이었는지 쓰세요.

목판　　　　　　　→　　　　　　　금속 활자

고려 사람들은 목판 인쇄술을 이용해 하나의 목판으로 여러 권의 책을 인쇄했습니다. 하지만 목판은 보관하기 어렵고, 글자를 잘못 새기면 판을 새로 만들어야 했습니다. 이후 금속 활자를 발명하면서 다양한 책을 더욱 편리하게 인쇄하게 되었습니다.

금속 활자는 _____

_____

06 고려는 외세의 침입을 어떻게 이겨냈을까요?

정답과 해설 18쪽

✦ 개념

▼ 그림으로 중요한 개념을 만나 보세요.

거란·여진의 침입과 극복

거란

1차 침입 → 2차 침입 → 3차 침입

서희의 외교 담판

강감찬의 귀주 대첩

여진

윤관의 별무반

→ 별무반: 고려 숙종 때 윤관이 조직한 군대로, 신기군, 신보군, 항마군의 세 부대로 이루어짐

✦ 어휘

▼ 개념에서 살펴본 어휘를 문장의 빈칸에 써 보세요.

☐☐ 은 세 번에 걸쳐 고려에 쳐들어왔어요.

1차 침입 때는 ☐☐ 가 외교 담판을 벌여 고려가 오히려 강동 6주를 차지했어요.

3차 침입 때는 ☐☐☐ 이 이끄는 고려군이 거란군을 귀주에서 크게 물리쳤어요.

한편 여진이 계속 침입하자 윤관은 ☐☐☐ 을 이끌고 여진을 몰아냈어요.

고려는 거란과 여진을 물리치고
몽골의 침략에 끝까지 저항했어요.

몽골의 침입과 극복

강화도 천도

도읍을 개경에서
강화도로 옮김

김윤후의 활약

승려 김윤후가
몽골군을 물리침

삼별초의 항쟁

삼별초가 끝까지 항쟁함

→ 삼별초: 무신 정권 시기에 만들어진
군대로, 좌별초, 우별초, 신의군의
세 부대로 이루어짐

〔　　〕은 30년 동안 여러 차례 고려에 쳐들어왔어요.

고려는 도읍을 개경에서 〔　　〕로 옮기고 몽골에 저항했어요.

승려 〔　　〕는 백성들과 힘을 합쳐 몽골군을 물리치며 활약했어요.

〔　　〕는 고려가 몽골과 싸움을 그친 후에도 끝까지 맞서 싸웠어요.

고려는 외세의 침입을 어떻게 이겨냈을까요?

▼ 다음 글을 읽고 물음에 답하세요. (1~6)

핵심 개념

**거란의
침입과 극복**

① 10세기 무렵 고려는 중국의 송과 좋은 관계를 맺었지만, 발해를 멸망시킨 거란은 멀리했어요. 거란은 세력을 키우고자 송을 공격하기 전에, 고려와 송의 관계를 끊으려 했어요. 거란은 고려에 북쪽 땅을 내놓으라는 구실로 고려를 침입했어요. 하지만 고려의 서희는 거란이 침략한 의도를 알아차리고, 거란의 장수 소손녕과 외교 담판을 벌였어요. 이 담판에서 고려는 송과의 관계를 끊고 거란과 교류하기로 약속하고, 압록강 동쪽의 강동 6주를 얻어 오히려 고려의 영토를 넓혔어요.

② 하지만 고려가 송과 계속 좋은 관계를 이어가자, 거란은 고려를 다시 침입했어요. 고려가 거란과의 관계를 회복하겠다고 약속하면서 거란군은 물러갔어요. 이후 거란은 고려에 강동 6주를 돌려 달라며 또다시 고려를 침입했어요. 그러나 거란의 세 번째 침입 때는 거란의 공격에 대비한 고려가 곳곳에서 승리했고, 물러가던 거란군을 강감찬이 이끄는 고려군이 귀주에서 크게 물리쳤어요. 이를 귀주 대첩이라고 해요. 이후 고려는 압록강에서 동해안까지 천리장성을 쌓아 외적의 침입에 대비했어요.

**여진의
침입과 극복**

③ 한편, 고려의 북동쪽 지역에는 여진이 살고 있었어요. 힘을 키운 여진이 고려의 국경을 자주 침입하자, 고려는 특수 부대인 별무반을 만들었어요. 윤관은 별무반을 이끌고 여진을 몰아낸 다음 그들이 살았던 곳에 동북 9성을 쌓았어요.

**몽골의
침입과 극복**

④ 이후 중국 북쪽 지역에서는 몽골이 주변 나라들을 침략하며 영토를 넓혀갔어요. 고려에도 사신을 보내 많은 물건을 바치라고 요구했지요. 그러던 중 고려에 왔던 몽골 사신이 사망하는 사건이 일어나자, 몽골은 이를 구실로 고려를 침략했어요. 외침을 막아 낼 준비가 되어 있지 않았던 고려는 서둘러 몽골과 강화를 맺은 후, 몽골군이 침략하기 어려운 강화도로 도읍을 옮겼어요. 몽골군이 바다에서 하는 전투에 약한 데다 강화도의 지형이 험해 방어에 유리했기 때문이에요. 몽골은 그 후로 여러 차례 고려를 침략했고, 승려 김윤후 등 백성과 고려군은 몽골에 맞서 싸웠어요. 하지만 전쟁이 길어지자 국토는 황폐해졌고, 수많은 백성이 죽거나 몽골에 끌려갔어요.

⑤ 결국 고려는 몽골과 강화를 맺고 다시 개경으로 돌아왔어요. 그러나 삼별초는 개경으로 돌아가는 것에 반대하고 끝까지 몽골에 저항했어요. 삼별초는 강화도에서 진도, 제주도로 옮겨 가며 싸웠지만, 결국 고려와 몽골의 연합군에 진압되었어요.

낱말 풀이
• **강동 6주** 고려 시대 압록강 하류 동쪽에 있던 6개의 행정 지역.
• **동북 9성** 고려 시대에 윤관이 여진족을 물리친 뒤 동북쪽 지역에 세운 9개의 성.
• **강화** 싸움을 하던 두 편이 싸움을 멈추고 서로 약속을 맺어 평화로운 상태가 됨.

1

문단별 중심 문장의 빈칸에 들어갈 알맞은 핵심 어휘를 찾아 √표 하세요.

> ### 고려는 외세의 침입을 어떻게 이겨냈을까요?

❶문단 ( )이 고려를 침입하자 서희는 외교 담판을 벌여 오히려 고려의 영토를 넓혔다.

☐ 송
☐ 거란

---

❷문단 거란의 세 번째 침입 때 ( )은/는 귀주 대첩으로 거란군을 크게 물리쳤다.

☐ 서희
☐ 강감찬

---

❸문단 ( )이 고려의 국경 지역을 침입하자 윤관은 별무반을 이끌고 싸워 승리를 거두었다.

☐ 몽골
☐ 여진

---

❹문단 고려는 ( )의 침략을 여러 차례 받아 수많은 백성이 죽는 등 큰 피해를 입었다.

☐ 송
☐ 몽골

---

❺문단 ( )는 끝까지 몽골에 저항했지만 결국 진압되었다.

☐ 김윤후
☐ 삼별초

2

이 글을 읽고 알 수 있는 내용으로 알맞은 것에는 ○표, 알맞지 않은 것에는 ×표 하세요.

(1) 서희는 거란과의 외교 담판에서 강동 6주를 빼앗겼다. ──────── ( )

(2) 거란은 고려와 송의 관계를 끊기 위해 고려를 침입했다. ──────── ( )

(3) 고려는 여진을 몰아내고 차지한 지역에 천리장성을 쌓았다. ──────── ( )

(4) 삼별초는 고려와 몽골이 강화를 맺은 후에도 계속해서 몽골에 저항했다. ── ( )

3 다음 지도를 보고, 고려와 (가)~(다)의 관계로 알맞은 것을 고르세요. (　)

(가)
거란

(나)
여진

동해

황해

고려

(다)
송

남해

① (가)와 (다)가 연합해 고려를 공격했다.

② (다)는 세 차례에 걸쳐 고려를 침입했다.

③ 고려는 별무반을 조직해 (나)를 공격했다.

④ (가)는 사신이 사망한 사건을 구실로 고려를 침입했다.

⑤ 고려는 (가)를 물리친 후 동북 9성을 쌓고, (나)를 몰아
내고 천리장성을 쌓았다.

4 <보기>의 대화를 읽고, ㉠~㉤에 대한 설명으로 알맞지 <u>않은</u> 것을 고르세요. (　)

―――――――――― 〈보기〉 ――――――――――

㉠: 고려는 옛 신라의 땅에 세워졌고, 고구려의 옛 땅은 우리 거란의 것이오. 그러니
   ㉡ 북쪽 땅을 거란에 내어놓아야겠소.

㉢: 그렇지 않소. 우리 고려는 고구려를 계승한 나라요. 그러니 오히려 거란이 고려에
   땅을 돌려주는 것이 맞지 않겠소?

㉠: 흠. 그건 그렇고, 고려는 우리 거란과 맞닿아 있으면서 어째서 바다 건너 송과만 교
   류하는 것이오?

㉢: 여진이 거란으로 가는 길을 막고 있어 거란과 교류하지 못하는 것이오. 여진을 몰아
   내고 ㉣ 그 땅을 고려가 갖도록 돕는다면, ㉤ 송과 관계를 끊고 거란과 교류하겠소.

① ㉠: 거란의 소손녕이다.

② ㉢: 고려의 서희이다.

③ ㉡: 거란이 고려를 침입한 구실로, 본래 목적은 고려와 송의 관계를 끊는 것이다.

④ ㉣: 고려가 담판의 결과로 얻은 강동 6주를 말한다.

⑤ ㉤: 담판 이후 고려가 교류를 끊자 고려를 침입한 나라이다.

다음 구조도의 빈칸에 들어갈 알맞은 어휘를 쓰세요.

고려의 외세 침입 극복 과정

□ □ 의 침입과 극복	여진의 침입과 극복	몽골의 침입과 극복
- 1차 침입: 서희가 담판을 벌여 강동 6주를 얻음. - 3차 침입: 강감찬이 귀주에서 거란을 물리침(귀주 대첩). - 거란의 침입 이후 천리장성을 쌓음.	- 국경을 침입하는 여진을 윤관이 □ □ 을 이끌고 물리침. - 여진을 몰아낸 지역에 동북 9성을 쌓음.	- 도읍을 □ □ □ 로 옮겨 저항함. - 오랜 전쟁으로 피해가 커지자 강화를 맺음. - 삼별초는 강화도, 진도, 제주도로 옮겨 가며 끝까지 저항함.

다음과 같이 고려가 수도를 개경에서 강화도로 옮긴 까닭을 쓰세요.

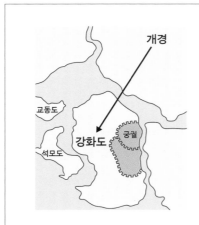

몽골이 침입해 오자 고려는 개경에서 가까운 섬인 강화도로 도읍을 옮겨 몽골에 맞설 준비를 했습니다.

왜냐하면 _____

_____

_____

몽골군의 침략을 방어하기에 유리했기 때문입니다.

▼ 다음 글을 읽고 물음에 답하세요. (1~3)

(가)   삼국이 자리 잡았던 지역에는 고분이 많이 남아 있어요. 삼국 시대 사람들은 고분 안에 여러 물건을 함께 묻고, 무덤 벽에 그림을 그리기도 했어요. 죽은 뒤에도 살아 있을 때의 삶이 이어진다고 믿었기 때문이에요. 특히 고구려는 고분 벽화를 많이 남겼어요. 무용총 등의 고분에 그려진 벽화를 살펴보면 고구려 사람들이 어떻게 생활했는지 짐작할 수 있지요. 백제 무령왕의 무덤인 무령왕릉에서는 백제의 물건뿐만 아니라 중국 도자기, 일본 소나무로 만든 관도 발견되었어요. 이러한 유물들로 백제가 주변 나라와 활발하게 교류했다는 것을 알 수 있어요. 신라 고분들에서는 금관과 금제 허리띠 등 금으로 만든 유물이 많이 발견되었어요. 이를 통해 신라의 금속 공예 기술이 얼마나 섬세했는지 엿볼 수 있어요.

(나)   팔만대장경은 고려의 우수한 목판 인쇄술을 보여 주는 문화유산이에요. 팔만대장경은 당시 고려를 침입한 몽골을 부처의 힘으로 물리치고자, 팔만여 장의 목판에 부처의 가르침을 새긴 것이에요. 무려 16년에 걸쳐 완성된 팔만대장경은 여러 사람이 만들었음에도 글자 모양

1 **(가)를 바탕으로 <보기>를 이해한 내용으로 알맞지 <u>않은</u> 것을 고르세요.** (   )

〈보기〉

㉠	㉡	㉢
무용총에 그려진 벽화	무령왕릉에서 나온 관(모형)	금관총에서 나온 금제 허리띠

① ㉠을 보면 고구려 사람들의 생활 모습을 알 수 있다.
② ㉡을 보면 백제가 일본과 활발히 교류했음을 알 수 있다.
③ ㉢을 보면 신라 문화가 고구려 문화의 영향을 받았음을 알 수 있다.
④ ㉠과 ㉢을 통해 삼국 시대 사람들은 죽은 뒤에도 삶이 이어진다고 믿었음을 알 수 있다.
⑤ ㉠과 ㉢을 통해 삼국 시대에는 무덤 안에 물건을 묻거나 벽화를 그리기도 했음을 알 수 있다.

과 문장이 고르고 정확하며, 보존 상태도 뛰어나 고려의 우수한 목판 인쇄술을 잘 보여 주고 있어요.

(다)   몽골은 고려에 왔던 몽골 사신이 사망하는 사건이 일어나자, 이를 구실로 고려를 침략했어요. 전쟁할 준비가 되어 있지 않았던 고려는 몽골군이 침략하기 어려운 강화도로 도읍을 옮겼어요. 몽골군이 바다에서 하는 전투에 약한 데다 강화도의 지형이 험해 방어에 유리했기 때문이에요. 몽골은 여러 차례 고려를 침략했고, 백성과 고려군은 몽골에 맞서 싸웠어요. 하지만 전쟁이 길어지자 국토는 황폐해졌고, 수많은 백성이 죽거나 몽골에 끌려갔어요. 귀중한 문화유산도 불타 없어졌어요.

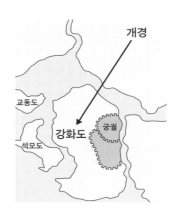

2   **(나)와 (다)를 읽고, 팔만대장경에 대한 설명으로 알맞은 것을 고르세요.**   (   )

① 몽골과의 전쟁 도중에 불타 없어졌다.
② 여러 사람이 힘을 합쳐 8년에 걸쳐 만들었다.
③ 부처의 가르침을 팔만여 장의 종이에 기록한 것이다.
④ 몽골의 침입을 부처의 힘으로 이겨 내기 위해 만들었다.
⑤ 고려의 우수한 금속 활자 인쇄술을 보여 주는 문화유산이다.

3   **(다)에서 고려가 수도를 강화도로 옮긴 까닭으로 알맞은 것을 고르세요.**   (   )

① 몽골을 침략하기 위해
② 팔만대장경을 보호하기 위해
③ 몽골의 침입을 부처의 힘으로 이겨 내기 위해
④ 수도인 개경을 몽골군에게 빼앗겼기 때문에
⑤ 지형이 험하고 바다로 둘러싸여 몽골군이 침략하기 어려운 곳이기 때문에

▼ 문장의 빈칸에 들어갈 알맞은 어휘를 **보기** 에서 골라 쓰세요. (1~6)

01 고조선은 어떤 나라였을까요? **보기** **단군왕검** / **문화유산** / **법 조항** / **환웅**

    (1) 고조선은 (   )이 세운 우리 역사 속 최초의 국가이다.

    (2) 고조선의 대표적인 (   )이 분포한 지역을 보면 고조선의 문화 범위를 짐작할 수 있다.

02 삼국은 어떻게 성장했을까요? **보기** **고구려** / **고조선** / **백제** / **신라**

    (1) 한강 유역에 자리 잡은 (   )은/는 삼국 중 가장 먼저 전성기를 맞았다.

    (2) (   )은/는 6세기 진흥왕 때 전성기를 맞았다.

03 삼국 통일과 발해의 건국은 어떻게 이뤄졌을까요? **보기** **고구려** / **발해** / **백제** / **신라**

    (1) 당과 동맹을 맺었던 (   )는 후에 당을 한반도에서 몰아내고 삼국을 통일했다.

    (2) 대조영이 건국한 (   )는 전성기에 해동성국이라고 불렸다.

04 삼국의 문화유산에는 어떤 것이 있을까요? **보기** **공예 기술** / **미륵사** / **불교** / **석굴암**

    (1) 삼국은 백성의 마음을 하나로 모으려고 (   )을/를 받아들여 절, 탑 등을 세웠다.

    (2) 통일 후 신라의 불교문화를 보여 주는 문화유산으로 불국사와 (   )이/가 있다.

05 고려는 어떤 나라였을까요? **보기** **고려** / **고려청자** / **팔만대장경** / **후백제**

    (1) 왕건은 (   )을/를 세우고 후삼국을 통일했다.

    (2) (   )은/는 고려의 우수한 인쇄술을 보여 준다.

06 고려는 외세의 침입을 어떻게 이겨냈을까요? **보기** **거란** / **몽골** / **송** / **여진**

    (1) (   )의 침입 때 고려의 서희, 강감찬 등이 크게 활약하여 물리쳤다.

    (2) 삼별초는 끝까지 (   )에 저항했지만 결국 진압되었다.

4 단원

조선의 역사

조선

01 조선은 어떻게 세워졌을까요?

정답과 해설 20쪽

✦ 개념

▼ 그림으로 중요한 개념을 만나 보세요.

조선의 건국

신진 사대부의 등장

정도전 정몽주

고려 말에 새로운 세력인
신진 사대부가 나타남

▶

위화도 회군

위화도

이성계

이성계가 위화도에서
군사를 돌려 권력을 잡음

▶

신진 사대부와 연합

이성계가 신진 사대부와
손을 잡음

▶

조선 건국

조선

이성계가 조선을
세움 (1392년)

✦ 어휘

▼ 개념에서 살펴본 어휘를 문장의 빈칸에 써 보세요.

고려 말 ☐☐ ☐☐☐☐가 등장하여 고려의 개혁을 이끌었어요.

이 무렵에 이성계가 ☐☐☐ ☐☐으로 권력을 잡았어요.

이성계는 새 나라를 세우려는 뜻을 함께하는 신진 사대부 세력과 힘을 합쳤어요.

이성계는 새로운 나라를 세우고자 하는 사람들과 함께 ☐☐을 세웠어요.

조선의 도읍 한양

숙정문

경복궁

사직단

종묘

홍인지문

돈의문

숭례문

한강

산으로 둘러싸여
방어에 유리함

한강이 흘러
교통이 편리함

유교의 가르침에 따라
건물의 위치와 이름을 정함

조선은 [ ] 을 새로운 도읍으로 정했어요.

한양은 [ ] 으로 둘러싸여 외적의 침입을 막기에 좋았어요.

한양은 나라의 중앙에 있고 [ ] 이 흘러 교통이 편리했어요.

한양의 건물의 위치와 이름은 [ ] 의 가르침에 따라 정했어요.

조선은 어떻게 세워졌을까요?

▼ 다음 글을 읽고 물음에 답하세요. (1~6)

핵심 개념

고려 말의 상황

❶ 고려 말에는 나라 안팎이 혼란스러웠어요. 밖으로는 외적이 자주 침입했고, 안으로는 당시 지배 세력인 권문세족이 백성들의 땅을 빼앗아 토지를 넓히며 횡포를 부렸어요. 이러한 가운데 홍건적과 왜구 등 외적의 침입을 물리치며 이성계와 같은 무인 세력이 성장했어요. 그리고 새로운 세력인 신진 사대부가 등장해 고려 사회의 문제를 해결하기 위해 노력했어요.

위화도 회군

❷ 이 무렵 중국의 명이 고려에 북쪽 땅 일부를 내놓으라고 요구했어요. 고려는 명의 요구를 거절하고, 이성계에게 명이 차지한 요동 지역을 공격하게 했어요. 이성계는 무리한 전쟁이라고 여겨 요동 정벌을 반대했어요. 결국 왕의 명령에 따라 요동 지역으로 향하던 이성계는 도중에 위화도에서 군대를 돌려 도읍인 개경으로 돌아왔어요. 이를 위화도 회군이라고 해요.

조선 건국

❸ 위화도 회군 이후 반대 세력을 몰아내고 권력을 잡은 이성계는 신진 사대부와 함께 고려 사회를 개혁해 나갔어요. 그런데 개혁 방법에 대한 신진 사대부들의 생각은 크게 둘로 나뉘었어요. 정몽주 등은 고려를 유지하면서 개혁하자고 주장했고, 정도전 등은 고려를 무너뜨리고 새로운 나라를 세우자고 주장했지요. 결국 이성계는 정도전과 손잡고 반대 세력을 몰아낸 후, 새 나라 조선을 세웠어요.

조선의 도읍 한양

❹ 이성계는 도읍을 개경에서 한양으로 옮겼어요. 조선의 새로운 도읍 한양은 나라의 중앙에 있어서 나라를 다스리기에 좋았어요. 또 한강이 흘러 교통이 편리하여 물건을 실어 나르기 좋았고, 땅이 넓고 평평하여 많은 사람이 모여 살기 좋았지요. 주변이 산으로 둘러싸여 있어서 외적의 침입을 막기에도 유리했어요. 조선은 궁궐을 비롯해 한양에 들어설 주요 건물의 위치와 이름을 유교의 가르침에 따라 정했어요. 유교를 나라의 기본 정신으로 삼아서 질서와 예절이 바로 선 나라를 만들려고 했기 때문이에요. 한양을 둘러싼 성곽의 동서남북에는 네 개의 큰 문인 흥인지문, 돈의문, 숭례문, 숙정문을 세웠는데, 이 사대문의 이름에는 유교에서 중요하게 생각하는 덕목인 '인의예지'가 담겨 있어요. 인의예지는 어질고, 옳고, 예의 바르고, 지혜로운 것을 뜻해요.

낱말 풀이

- **권문세족** 고려 후기에 높은 벼슬을 하며 많은 재산과 토지를 가지고 권력을 누리던 지배 세력.
- **홍건적** 몽골이 세운 원의 지배에 맞서 일어난 반란군. 머리에 붉은 수건을 써서 홍건적이라고 불렀다.
- **왜구** 고려 후기부터 조선 초까지 우리나라 해안에서 약탈을 일삼던 일본 해적을 이르는 말.
- **무인** 군사 일을 맡아보는 관리의 직책을 가진 사람.
- **신진 사대부** 고려 말에 등장한 정치 세력으로, 성리학을 공부하고 과거를 치러 관리가 된 사람들.
- **유교** 중국 공자의 가르침을 배우고 따르는 사상.

1 문단별 중심 문장의 빈칸에 들어갈 알맞은 핵심 어휘를 찾아 √표 하세요.

조선은 어떻게 세워졌을까요?

❶문단 고려 말에 등장한 (   )은/는 고려 사회의 문제를 해결하고자 했다.

☐ 권문세족
☐ 신진 사대부

❷문단 요동 정벌을 반대했던 (   )는 위화도에서 군대를 돌려 개경으로 돌아왔다.

☐ 이성계
☐ 정몽주

❸문단 이성계는 신진 사대부인 정도전과 손잡고 (   )을/를 세웠다.

☐ 고려
☐ 조선

❹문단 조선의 새로운 도읍인 (   )은 외적의 침입을 막고 나라를 다스리기 좋은 곳이었다.

☐ 개경
☐ 한양

2 이 글을 읽고 알 수 있는 내용으로 알맞은 것에는 ○표, 알맞지 않은 것에는 ×표 하세요.

(1) 신진 사대부는 홍건적과 왜구 등 외적의 침입을 물리치며 성장했다. ·············· (   )

(2) 이성계는 정몽주 등 고려를 유지하려는 세력을 몰아내고 조선을 세웠다. ······ (   )

(3) 위화도 회군은 이성계가 위화도에서 군대를 돌려 개경으로 돌아온 사건이다. ··· (   )

(4) 조선은 도읍에 들어설 주요 건물의 위치와 이름을 유교의 가르침에 따라 정했다. ·· (   )

3 조선의 도읍 한양에 대한 설명으로 알맞은 것을 고르세요.　　　　　　　　（　　　）

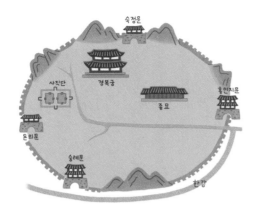

① 고려의 도읍이었던 개경을 새롭게 만든 것이다.

② 바다로 둘러싸여 외적의 침입을 막기 유리했다.

③ 땅이 넓고 평평하여 사람들이 모여 살기 좋았다.

④ 한강을 끼고 있어서 물건과 사람의 이동을 막을 수 있었다.

⑤ 한양에 있는 궁궐과 사대문의 이름은 불교의 가르침에 따라 정해졌다.

4 이 글과 <보기>를 읽고, 신진 사대부에 대한 설명으로 알맞지 <u>않은</u> 것을 고르세요.　（　　　）

────────〈보기〉────────

　신진 사대부는 고려 말, 유교의 한 갈래인 성리학을 공부한 뒤 과거 시험에 합격하여 관리가 된 새로운 세력입니다. '신진'은 새롭게 나아간다는 뜻이고, '사대부'는 학자이면서 관리이기도 한 사람들을 뜻합니다. 신진 사대부는 혼란스러운 고려를 바꾸기 위해 노력했습니다. 권문세족이 불법으로 차지한 토지를 거두어들여 원래 주인에게 돌려주고, 새롭게 관리가 된 자들에게 토지를 나눠 주기도 했습니다.

　신진 사대부는 고려를 유지한 채 차츰 개혁하려는 온건파와, 고려를 무너뜨리고 새로운 나라를 세우려는 급진파로 나뉘게 됩니다. 결국 급진파는 이성계와 함께 온건파를 제거하고 조선을 건국합니다.

① 고려 말에 새롭게 등장한 세력이다.

② 백성들에게 빼앗긴 토지를 돌려주었다.

③ 고려 사회의 문제를 해결하기 위해 노력했다.

④ 개혁 방법을 두고 온건파와 급진파로 나뉘었다.

⑤ 이성계는 신진 사대부 중 급진파였던 정몽주와 손을 잡고 조선을 건국했다.

5 다음 구조도의 빈칸에 들어갈 알맞은 어휘를 쓰세요.

조선

조선의 건국 과정
명이 고려에 북쪽 땅 일부를 요구함. ↓ 요동 정벌을 떠났던 [　　　]가 위화도 회군을 일으킴. ↓ 이성계가 신진 사대부인 정도전과 손잡고 조선을 건국함.

조선의 도읍 한양
- 나라의 중앙에 있고, [　　　]이 　흘러 교통이 편리함. - 땅이 넓고 평평하여 많은 사람이 모 　여 살기 좋음. - 산으로 둘러싸여 외적의 침입을 막 　기에 유리함. - 주요 건물의 위치와 이름은 　[　　　]의 가르침에 따라 정함.

6 다음 그림을 보고, (나)에 들어갈 사건을 쓰세요.

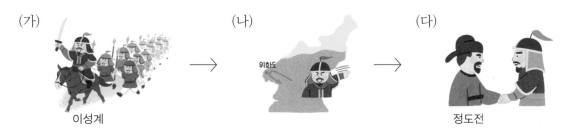

(가) 이성계   (나) 위화도   (다) 정도전

(가)	이성계는 명과의 전쟁을 반대했지만 왕의 명령에 따라 요동 정벌에 나섰습니다.
(나)	
(다)	이성계는 권력을 잡고 신진 사대부와 함께 고려를 개혁했습니다.

02 조선 전기의 사회 모습은 어땠을까요?

정답과 해설 21쪽

✦ 개념

▼ 그림으로 중요한 개념을 만나 보세요.

엄격한 신분 질서

양인 | 천인

양반	중인	상민	천민
주로 글공부를 하여 관리가 됨	양반을 도와 일하거나 전문적인 일을 함	주로 농사를 짓거나 장사를 함	대부분 노비로, 관청이나 양반 밑에서 허드렛일을 함

✦ 어휘

▼ 개념에서 살펴본 어휘를 문장의 빈칸에 써 보세요.

조선 시대에는 주어진 **신분**에 따라 살아가야 했어요.

조선 시대의 신분은 양반, [   ], 상민, 천민으로 나뉘었어요.

[   ]은 관리가 되어 나랏일을 했고, 중인은 대개 전문적인 일을 했어요.

[   ]은 주로 농사를 짓거나 장사를 했고, 천민은 대부분 노비로 허드렛일을 했어요.

세종 대의 사회 발전

훈민정음 창제

과학 기구 제작

앙부일구　　측우기

서적 편찬

농사직설

조선 전기 [　　　] 대에는 문화와 과학이 크게 발전했어요.

세종은 우리 고유의 문자인 [　　　　] 을 만들었어요.

세종 대에는 앙부일구, 측우기 등 여러 [　　　　] 가 만들어졌어요.

세종 대에는 백성의 생활에 도움을 주는 다양한 [　　] 도 편찬되었어요.

조선 전기의 사회 모습은 어땠을까요?

▼ 다음 글을 읽고 물음에 답하세요. (1~6)

핵심 개념

조선의 유교 질서

❶ 조선은 유교를 나라의 기본 정신으로 삼았어요. 유교는 중국 공자의 가르침에서 시작된 사상이에요. 유교에서는 나라에 대한 충성과 부모에 대한 효도 등 사람이 지켜야 할 도리를 중요하게 여겼어요. 조선은 유교의 정신을 담은 나라의 기본 법전인『경국대전』을 만들어 나라를 다스리는 한편, 윤리책인『삼강행실도』를 만들어 백성들도 유교의 가르침을 잘 실천할 수 있도록 했어요.

조선의 신분 질서

❷ 조선 시대에는 태어나면서부터 신분이 정해져 있었고, 사람들은 주어진 신분대로 살아가야 했어요. 조선 시대의 신분은 크게 양인과 천인(천민)으로 나뉘었고, 양인은 다시 양반, 중인, 상민으로 구분되었어요. 신분에 따라 사람들의 생활 모습도 달랐지요. 양반은 주로 글공부를 하여 나랏일을 하는 관리가 되었어요. 중인은 관청에서 양반을 도와 향리로 일하거나 의학을 공부한 의관, 통역을 하는 역관, 그림을 그리는 화원 등이 되어 전문적인 일을 했어요. 상민은 대부분 농사를 짓거나 장사를 하면서 나라에 세금을 냈어요. 천민은 가장 낮은 신분으로, 대부분 노비였어요. 노비는 관청이나 양반의 집에 속하여 허드렛일을 했어요.

세종 대의 문화 발전

❸ 조선 전기 세종 대에는 학문과 문화, 과학 기술이 크게 발전했어요. 세종은 학문 연구 기관인 집현전을 설치하여 뛰어난 학자들을 기르고, 나라의 발전과 백성들을 위한 학문을 연구하도록 했지요. 세종은 우리 고유의 문자인 훈민정음을 만들었어요. 훈민정음은 '백성을 가르치는 바른 소리'라는 뜻이에요. 당시 조선이 주로 사용하였던 한자는 우리말과 달라서 글을 읽지 못하는 백성이 많았어요. 세종은 글을 몰라 어려움을 겪는 백성들을 안타깝게 여겨 훈민정음을 만들고, 백성들이 널리 사용할 수 있게 힘썼어요. 훈민정음은 누구나 쉽게 배우고 쓸 수 있으며, 거의 모든 소리를 적을 수 있는 매우 과학적이고 독창적인 문자예요.

세종 대의 과학 발전

❹ 세종은 농사를 잘 지어야 백성들의 생활이 안정된다고 생각했어요. 그래서 조선의 환경에 맞는 농사법을 정리한『농사직설』을 편찬했어요. 또한 농사에는 계절과 날씨가 중요했기 때문에, 이와 관련한 여러 과학 기구도 만들었어요. 하늘의 움직임을 관찰하기 위해 혼천의와 간의를 만들고, 관찰한 내용을 바탕으로 조선에 맞는 역법을 만들었어요. 또 해시계인 앙부일구와 물시계인 자격루를 만들어 정확한 시각을 알리고, 비가 내린 양을 재는 측우기를 만들어 가뭄과 홍수에 대비할 수 있도록 했어요.

낱말 풀이

• **향리** 고려·조선 시대에 지방에서 행정을 담당했던 낮은 계급의 관리.
• **통역** 서로 다른 언어를 쓰는 사람들 사이에서 뜻이 통하도록 말을 옮겨 주는 일.
• **역법** 해와 달, 별 등 하늘의 움직임을 기준으로 하여 계절과 월, 일, 시간을 구분하는 방법.

1 문단별 중심 문장의 빈칸에 들어갈 알맞은 핵심 어휘를 찾아 √표 하세요.

조선 전기의 사회 모습은 어땠을까요?

①문단 조선은 (　　　)을/를 기본 정신으로 삼아 나라를 다스렸다.

☐ 신분
☐ 유교

②문단 조선 시대의 (　　　)은/는 양반, 중인, 상민, 천민으로 나뉘었다.

☐ 신분
☐ 유교

③문단 세종은 백성들이 글을 쉽게 읽고 쓸 수 있도록 (　　　)을/를 만들었다.

☐ 한자
☐ 훈민정음

④문단 세종은 혼천의, 간의, 앙부일구, 자격루, 측우기 등 여러 가지 (　　　)을/를 만들었다.

☐ 농사법
☐ 과학 기구

2 이 글을 읽고 알 수 있는 내용으로 알맞은 것에는 ○표, 알맞지 않은 것에는 ×표 하세요.

(1) 조선 시대에는 신분에 따라 생활 모습이 달랐다. ⋯⋯⋯⋯⋯⋯⋯⋯⋯ (　　　)

(2) 유교에서는 사람이 지켜야 할 도리를 중요하게 생각했다. ⋯⋯⋯⋯ (　　　)

(3) 앙부일구와 자격루는 비가 내린 양을 재는 과학 기구이다. ⋯⋯⋯⋯ (　　　)

(4) 세종은 한자를 몰라 글을 읽고 쓰는 데 어려움을 겪는 백성들을 위해 훈민정음을 만들었다. ⋯⋯⋯⋯⋯⋯⋯⋯⋯⋯⋯⋯⋯⋯⋯⋯⋯⋯⋯⋯⋯⋯ (　　　)

3 조선의 신분 질서에 대한 설명으로 알맞지 **않은** 것을 고르세요. ( )

① 크게 양인과 천인으로 나뉘었다.

② 양반은 주로 관리가 되어 나랏일을 했다.

③ 천민은 대부분 노비로, 관청이나 양반 밑에서 허드렛일을 했다.

④ 중인은 관청에서 향리로 일하거나 의관, 역관 등 전문적인 일을 했다.

⑤ 상민은 농사, 장사 등을 하며 나라에 세금을 냈으며, 가장 낮은 신분이었다.

4 <보기>의 기구와 책이 백성들의 생활에 미친 영향으로 알맞지 **않은** 것을 고르세요. ( )

─────── 〈보기〉 ───────

혼천의

측우기

『농사직설』

세종은 해, 달, 별의 움직임을 관찰하는 기구인 혼천의 등을 만들어 천체를 관측하고 계절의 변화를 연구하게 했습니다.

세종은 비가 내린 양을 재는 측우기를 제작하게 하여 지역마다 설치하도록 했습니다.

세종은 지방 관리에게 경험 많은 농부를 찾아서 그 지역에 맞는 농사법을 듣게 하고 이를 정리하여 『농사직설』을 펴냈습니다.

① 측우기의 발명으로 가뭄과 홍수에 대비할 수 있었다.

② 혼천의의 발명으로 백성이 계절의 변화를 살피는 데 도움이 되었다.

③ 『농사직설』의 간행으로 우리 땅에 맞는 농사 기술 정보를 알게 되었다.

④ 혼천의와 측우기의 발명으로 백성들이 정확한 시각을 알 수 있게 되었다.

⑤ 혼천의, 측우기, 『농사직설』이 만들어져서 백성들은 농사짓는 데 많은 도움을 받았다.

5 다음 구조도의 빈칸에 들어갈 알맞은 어휘를 쓰세요.

조선 전기의 사회 모습

조선의 신분 질서	세종 대의 사회 발전
- 양반: 나랏일을 하는 관리가 됨. - ☐☐☐: 향리, 의관, 역관, 화원 등으로 일함. - 상민: 농사를 짓거나 장사를 함. - 천민: 대부분 노비로 허드렛일을 함.	- 우리 고유의 글자인 ☐☐☐☐ 창제 - 우리 환경에 맞는 농사법을 정리한 『☐☐☐☐』 편찬 - 혼천의, 간의, 앙부일구, 자격루, 측우기 등 과학 기구 제작

6 세종이 훈민정음을 만들기 전, 백성들은 어떤 어려움을 겪고 있었는지 쓰세요.

> 우리나라의 말이 중국과 달라 문자와 서로 통하지 않는다. 이런 까닭으로, 백성이 말하고자 하는 바가 있어도 마침내 제 뜻을 펴지 못하는 사람이 많다. 내 이를 가엾게 여겨 새로 스물여덟 글자를 만드니 모든 사람이 쉽게 익혀 날마다 씀에 편안하게 할 따름이다.
>
> - 『훈민정음』 해례본의 서문

세종은 이러한 백성의 어려움을 해결해 주기 위하여 배우기 쉽고 거의 모든 소리를 적을 수 있는 문자인 훈민정음을 만들었습니다.

03 조선은 임진왜란과 병자호란을 어떻게 이겨냈을까요?

정답과 해설 22쪽

✦ 개념

▼ 그림으로 중요한 개념을 만나 보세요.

임진왜란

임진왜란

활약

일본의 침략
(1592년)

이순신과
수군의 활약

곽재우 등
의병의 활약

권율의
행주산성 승리

✦ 어휘

▼ 개념에서 살펴본 어휘를 문장의 빈칸에 써 보세요.

1592년에 일본이 조선을 침략하며 [   ]이 일어났어요.

[   ]은 수군을 이끌고 일본군을 잇따라 무찔렀어요.

전국 곳곳에서 [   ]를 비롯한 의병이 일어나 활약했어요.

[   ]은 행주산성에서 백성들과 함께 싸워 일본군을 크게 물리쳤어요.

조선은 이순신 등의 활약으로 일본의 침략을 물리쳤고,
청의 침략에도 맞섰지만 결국 항복했어요.

병자호란

병자호란

전개

청의 침략
(1636년)

인조와 신하들이
남한산성으로 피신

▶

항복을 두고
신하들의 의견 대립

▶

삼전도에서
청에 항복

인조

1636년에 청이 조선을 침략하며 ＿＿＿＿＿ 이 일어났어요.

인조와 신하들은 ＿＿＿＿＿ 으로 피신하여 청에 맞섰어요.

피해가 심해지자 항복을 두고 신하들의 의견이 **대립**되었어요.

결국 인조는 남한산성에서 나와 삼전도에서 청에 ＿＿＿ 했어요.

조선은 임진왜란과 병자호란을 어떻게 이겨냈을까요?

▼ 다음 글을 읽고 물음에 답하세요. (1~6)

핵심 개념

임진왜란의 전개

❶ 1592년, 일본의 도요토미 히데요시가 중국의 명으로 가는 길을 내어 달라는 구실로 조선에 쳐들어오며 임진왜란이 일어났어요. 부산으로 쳐들어온 일본군이 순식간에 한양으로 다가오자, 선조는 의주로 피란하고 명에 도움을 요청했어요.

수군과 의병의 활약

❷ 전쟁 초반에는 조선이 일본에 계속 패배했어요. 하지만 수군과 의병의 활약으로 점차 상황이 바뀌었어요. 바다에서는 이순신이 이끄는 수군이 옥포에서 첫 승리를 한 후 한산도 대첩 등 잇따른 전투에서 뛰어난 전술과 거북선에 힘입어 큰 승리를 거두었어요. 또 육지에서는 곽재우를 비롯해 의병들이 전국 곳곳에서 일어나 자기 고장의 지형을 활용한 전술을 펼치며 활약했지요. 이 무렵, 명에서 지원군이 도착해 조선군과 함께 평양성을 되찾았어요. 권율이 이끄는 조선군은 백성들과 힘을 합쳐 후퇴하던 일본군을 행주산성에서 크게 물리쳤어요.

임진왜란의 결과

❸ 불리해진 일본군은 강화를 제안했지만, 받아들여지지 않았어요. 그러자 일본은 1597년에 다시 조선을 침략했어요. 이를 정유재란이라고 해요. 일본군은 육지와 바다에서 패배를 거듭하다가 도요토미 히데요시가 죽자 물러갔어요. 이순신은 돌아가던 일본군을 노량에서 크게 무찔렀고, 이렇게 7년에 걸친 전쟁이 끝났어요. 긴 전쟁으로 땅은 황폐해졌고, 백성들이 죽거나 일본에 끌려갔으며, 많은 문화유산을 잃게 되었어요.

병자호란의 전개

❹ 이후, 북쪽에 있던 여진이 힘을 키워 후금을 세우고 명을 위협했어요. 조선은 명과의 의리를 중요하게 여기며 후금을 멀리했지요. 그러자 후금은 1627년에 정묘호란을 일으켜 조선을 침략했어요. 후금은 조선과 형제의 관계를 맺기로 약속받고 일단 물러갔어요. 하지만 세력을 더욱 키운 후금은 나라 이름을 '청'으로 바꾸고 조선에 신하의 나라가 될 것을 요구했어요. 조선이 요구를 거절하자 1636년에 다시 침략해 왔어요. 이를 병자호란이라고 해요.

병자호란의 결과

❺ 청군이 빠르게 한양으로 쳐들어오자 인조는 남한산성으로 피신했어요. 하지만 곧 남한산성은 포위되었지요. 성안에서는 끝까지 싸우자는 신하들과 싸움을 멈추자는 신하들이 나뉘어 대립하게 되었어요. 시간이 흐를수록 상황은 점점 더 어려워졌고, 결국 인조는 남한산성에서 나와 삼전도에서 청에 항복했어요. 전쟁 이후 조선과 청은 신하와 임금의 관계를 맺었고, 조선의 왕자와 신하, 많은 백성이 청으로 끌려갔어요.

낱말 풀이

• **피란** 전쟁을 피해 안전한 곳으로 옮겨 가는 것.
• **수군** 조선 시대에 바다를 지키던 군대.
• **의병** 나라가 위기에 처했을 때 백성이 스스로 조직한 의로운 군대.

1 **문단별 중심 문장의 빈칸에 들어갈 알맞은 핵심 어휘를 찾아 √표 하세요.**

조선은 임진왜란과 병자호란을 어떻게 이겨냈을까요?

❶문단   1592년, 일본이 조선을 쳐들어와 (   )이 일어났다.

☐ 병자호란
☐ 임진왜란

❷문단   조선은 (   )과 의병의 활약으로 일본의 침략을 물리쳤다.

☐ 수군
☐ 청군

❸문단   조선은 (   )과의 전쟁으로 땅이 황폐해지고 많은 문화유산을 잃는 등 큰 피해를 입었다.

☐ 여진
☐ 일본

❹문단   1636년, 청이 조선을 쳐들어와 (   )이 일어났다.

☐ 병자호란
☐ 임진왜란

❺문단   인조는 (   )(으)로 피신하여 청에 맞섰지만 결국 항복했다.

☐ 삼전도
☐ 남한산성

2 **이 글을 읽고 알 수 있는 내용으로 알맞은 것에는 ○표, 알맞지 않은 것에는 ✕표 하세요.**

(1) 임진왜란이 일어날 당시에 조선의 왕은 선조였다. ───────────── (   )

(2) 청이 침략하자 인조는 끝까지 한양에 남아 청에 맞서 싸웠다. ───── (   )

(3) 병자호란의 결과로 조선과 청은 신하와 임금의 관계를 맺었다. ───── (   )

(4) 권율이 이끄는 조선군은 행주산성에서 일본군의 공격을 받아 후퇴했다. ───── (   )

3 조선이 임진왜란과 병자호란에 대응한 내용으로 알맞지 <u>않은</u> 것을 고르세요.　　　（　　）

① 권율은 행주산성에서 일본군에 큰 승리를 거두었다.

② 조선군은 남한산성에서 청군을 크게 무찔러 물리쳤다.

③ 곽재우를 비롯한 의병들은 전국에서 자발적으로 일어나 활동했다.

④ 의병들은 자기 고장의 지형을 활용하며 일본군에 맞서 크게 활약했다.

⑤ 이순신은 수군을 이끌고 옥포, 한산도, 노량 등에서 일본군을 크게 물리쳤다.

4 이 글과 <보기>를 읽고 알 수 있는 내용으로 알맞지 <u>않은</u> 것을 고르세요.　　　（　　）

─〈보기〉─

　한산도 대첩은 경상남도 통영에 있는 한산도 앞바다에서 이순신이 일본 수군과 싸워 크게 이긴 전투입니다. 임진왜란 당시 일본은 바다에서 펼쳐진 모든 전투에서 이순신이 이끄는 수군에 패배하자, 배를 전부 모아 조선 수군을 공격하기로 했습니다.

　이순신은 일본군을 한산도 앞바다로 유인하고, 학익진 전법을 사용해 크게 물리쳤습니다. 학익진 전법은 거북선을 중심으로 다른 배들이 양쪽에서 뒤따르다가, 적군이 있는 곳에 다다르면 학이 날개를 펼친 모양으로 에워싸고 공격하는 방법입니다. 조선의 배에 둘러싸인 일본군은 거센 화포 공격에 우왕좌왕하다 패했습니다. 조선 수군의 승리는 일본이 무기와 식량을 운반하는 남해 바닷길을 막고, 일본의 기세를 크게 꺾었습니다.

학익진 전법

① 조선 수군은 옥포에서 첫 승리를 거두었다.

② 학익진 전법은 학이 날개를 펼친 모양으로 적군을 에워싸고 공격하는 방법이다.

③ 이순신이 이끄는 조선 수군은 일본에 계속 패배하다가 한산도 대첩에서 크게 이겼다.

④ 이순신은 뛰어난 전술과 거북선, 화포 등을 사용해 한산도에서 일본을 크게 물리쳤다.

⑤ 조선 수군의 잇따른 승리로 일본은 무기와 식량을 운반하는 길이 막히고 기세가 꺾였다.

5 다음 구조도의 빈칸에 들어갈 알맞은 어휘를 쓰세요.

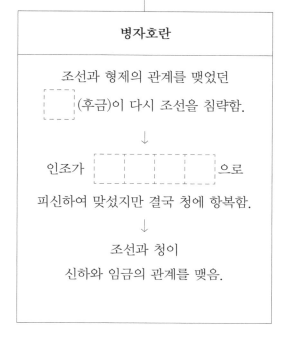

임진왜란과 병자호란

임진왜란

　　이 조선을 침략함.

↓

수군과 　　　의 활약으로
일본군을 물리침.

↓

일본이 다시 침략했지만
조선군의 활약과
도요토미 히데요시의 사망으로
전쟁이 끝남.

병자호란

조선과 형제의 관계를 맺었던
　　(후금)이 다시 조선을 침략함.

↓

인조가 　　　　으로
피신하여 맞섰지만 결국 청에 항복함.

↓

조선과 청이
신하와 임금의 관계를 맺음.

6 다음 역사 신문의 밑줄 친 부분에 들어갈 병자호란의 결과를 쓰세요.

인조, 청에 항복하다

　　조선의 임금인 인조가 결국 남한산성을 나와 삼전도에서 청에 항복했다.

　　정묘년, 후금은 조선이 명을 섬기고 자기 나라를 멀리한다는 이유로 조선을 한 차례 침략했었다. 그리고 9년이 지난 병자년, 나라 이름을 청으로 바꾸고 다시 조선에 쳐들어왔다. 청의 군대가 빠른 속도로 한양에 이르자 인조는 남한산성으로 피신하여 저항했다. 그러나 성안의 식량이 부족해지고 얼어 죽는 사람들이 생기는 등 상황이

어려워지면서 결국 청에 항복했다. 이로 인해 _

_ _

그뿐만 아니라 조선의 왕자를 비롯하여 많은 신하와 백성들이 청에 끌려 갔다.

04 조선 후기에는 어떤 사회 변화가 있었을까요?

정답과 해설 23쪽

✦ 개념

▼ 그림으로 중요한 개념을 만나 보세요.

영조와 정조의 개혁 정치

영조

탕평책 실시
인재를 고르게 등용하는
정책을 펼침

정조

규장각 설치
왕실 도서관을 세워
나랏일을 연구함

수원 화성 건설
수원에 계획도시인
화성을 건설함

✦ 어휘

▼ 개념에서 살펴본 어휘를 문장의 빈칸에 써 보세요.

조선 후기에 영조와 정조는 백성을 위한 **개혁 정치**를 펼쳤어요.

영조는 신하들이 편을 가르자 [⎵ ⎵ ⎵ ⎵]으로 인재를 고루 뽑았어요.

정조는 [⎵ ⎵ ⎵]을 설치해 나랏일을 연구하고 인재를 길러 냈어요.

정조는 계획도시인 [⎵ ⎵ ⎵ ⎵]을 지어 새 정치를 펼치고자 했어요.

조선 후기에는 영조와 정조가 사회를 개혁하기 위해 힘썼고,
서민이 중심이 된 서민 문화가 발달했어요.

서민 문화의 발달

한글 소설

조선 시대에 한글로
쓰여진 소설

판소리

소리꾼이 북장단에 맞춰
이야기를 노래로 들려주는
공연

탈놀이

탈을 쓰고 춤을
추면서 하는 연극

민화

서민들의 소망을 담은
실용적인 그림

조선 후기에 경제적 여유가 생긴 서민들이 늘어나면서 **서민 문화**가 발달했어요.

한글로 쓰여 일반 백성도 쉽게 읽을 수 있는 ☐☐☐☐이 인기를 끌었어요.

사람들이 모인 곳에서는 **판소리**와 탈을 쓰고 하는 ☐☐☐를 즐겼어요.

서민들의 소망을 담은 실용적인 그림인 ☐☐도 유행했어요.

조선 후기에는 어떤 사회 변화가 있었을까요?

▼ 다음 글을 읽고 물음에 답하세요. (1~6)

핵심 개념

**영조의
개혁 정치**

❶ 조선 시대 양반들은 학문을 연구하고 의견을 나누며 정치를 이끌어 갔어요. 그러다 점차 학문과 정치적 의견이 비슷한 사람끼리 모여 붕당을 이루었어요. 처음에는 붕당끼리 서로의 의견을 존중했지만, 차츰 자신이 속한 붕당의 이익만 생각하며 다투었어요. 이로 인해 정치가 혼란스러워지자 영조는 한쪽 편에 치우치지 않고 여러 붕당에서 인재를 고르게 뽑는 탕평책을 펼쳐 붕당 간의 다툼을 막고 정치를 안정시키려 했어요. 또 영조는 백성이 내야 할 세금을 줄이고, 백성에 대한 가혹한 형벌을 금지하는 등 여러 개혁 정치를 펼쳤어요.

**정조의
개혁 정치**

❷ 영조의 뒤를 이어 왕위에 오른 정조 또한 탕평책을 이어받아 인재를 고르게 뽑았어요. 그리고 규장각을 설치해 젊은 인재들이 나랏일과 관련한 학문을 연구할 수 있도록 했어요. 정조는 상인들의 자유로운 경제 활동을 보장하는 등 백성의 생활 안정에도 힘썼지요. 또 수원에 화성을 건설해 정치와 경제, 군사의 새로운 중심지로 삼으려 했어요. 수원 화성은 정조의 개혁 정치를 뒷받침하는 계획도시였어요.

**서민 문화의
발달**

❸ 조선 후기에는 농업 생산량이 늘어나 상공업이 발달하면서 경제적으로 여유 있는 서민들이 생겼어요. 서당에서 교육을 받는 사람들이 늘어나 서민들의 의식도 높아졌지요. 이들은 문화와 예술에 관심을 갖기 시작했어요. 그러면서 한글 소설, 판소리, 탈놀이, 민화 등 서민이 중심이 된 서민 문화가 발달하게 되었어요.

❹ 한글 소설은 남녀의 사랑이나 신분 차별을 비판하는 내용 등을 형식에 얽매이지 않고 재미있게 다루어 서민들 사이에서 널리 읽혔어요. 이에 돈을 받고 책을 읽어 주는 전기수라는 직업도 생겼지요. 한글 소설에는 『홍길동전』, 『춘향전』, 『심청전』, 『흥부전』, 『장화홍련전』 등이 있어요. 장터처럼 사람들이 많이 모이는 곳에서는 판소리나 탈놀이가 유행했어요. 판소리는 소리꾼이 북장단에 맞춰 노래와 말, 몸동작을 섞어 이야기를 풀어 가는 공연이에요. 서민뿐만 아니라 양반들도 판소리를 즐겼어요. 탈놀이는 탈을 쓰고 춤을 추면서 하는 연극으로, 양반을 풍자하거나 사회 문제를 꼬집는 내용이 많아 서민들에게 인기를 얻었지요. 조선 후기에는 민화도 유행했어요. 해, 나무, 동물 등 민화의 소재에는 장수와 복을 비는 서민들의 소망이 담겨 있어요.

낱말 풀이

• **붕당** 조선 시대에 정치적·학문적으로 의견을 같이하는 정치 집단.
• **서민** 아무 벼슬이 없는 일반 평민을 이르던 말.
• **서당** 옛날에 아이들이 글을 배우던 곳.
• **풍자** 현실의 바람직하지 못한 점이나 모순 등을 빗대어 비웃으면서 폭로함.

1 **문단별 중심 문장의 빈칸에 들어갈 알맞은 핵심 어휘를 찾아 √표 하세요.**

> ### 조선 후기에는 어떤 사회 변화가 있었을까요?

❶문단 영조는 (　　　)을 실시해 왕권을 강화하는 등 개혁 정치를 펼쳤다.
- [ ] 규장각
- [ ] 탕평책

❷문단 (　　　)는 규장각을 세우고 수원 화성을 건설하는 등 개혁 정치를 펼쳤다.
- [ ] 영조
- [ ] 정조

❸문단 조선 후기에는 서민이 중심이 된 (　　　)이/가 발달했다.
- [ ] 상공업
- [ ] 서민 문화

❹문단 조선 후기에 유행한 서민 문화로는 (　　　), 판소리, 탈놀이, 민화 등이 있다.
- [ ] 전기수
- [ ] 한글 소설

2 **이 글을 읽고 알 수 있는 내용으로 알맞은 것에는 ○표, 알맞지 않은 것에는 ✕표 하세요.**

(1) 영조와 정조는 탕평책을 펼쳐 인재를 고르게 뽑았다. ──────── (　　)

(2) 서민 문화는 조선 후기에 서민을 중심으로 발달한 문화이다. ──────── (　　)

(3) 탈놀이는 양반을 풍자하거나 사회를 비판하는 내용이 많았다. ──────── (　　)

(4) 조선 후기에는 서민들의 소망이 담긴 민화의 인기가 시들해졌다. ──────── (　　)

3 다음 인물 카드의 ㉠에 들어갈 업적으로 알맞지 <u>않은</u> 것을 고르세요. ( )

정조
조선의 제22대 왕

업적

- ㉠

① 자유로운 상업 활동을 보장해 상업을 발전시켰다.

② 규장각을 설치해 학자들이 학문을 연구하도록 했다.

③ 정치적 의견이 비슷한 사람끼리 모아 붕당을 만들었다.

④ 탕평책을 실시해 붕당과 관계없이 고르게 인재를 뽑았다.

⑤ 정치, 경제, 군사의 중심지로 삼고자 수원 화성을 건설했다.

4 <보기>에서 설명하는 문화에 대한 이해로 알맞지 <u>않은</u> 것을 고르세요. ( )

〈보기〉

(가) "양반 나오신다아! 개잘량(개가죽) '양'자에 개다리소반(상다리 모양이 개의 뒷다리 처럼 휜 작은 밥상) '반'자를 쓰는 양반이 나오신단 말이오."

이것은 대표적인 탈놀이인 '봉산탈춤'의 대사입니다. 탈놀이는 이와 같이 양반을 비웃는 내용이 많았습니다. 탈을 쓰고 공연했기 때문에 겉으로 드러내기 어려웠던 서민들의 생각과 감정을 솔직하게 표현할 수 있어 서민들에게 공감을 얻었습니다.

(나) 허균이 쓴 『홍길동전』은 우리나라 최초의 한글 소설입니다. 주인공 홍길동은 탐관오리(백성의 재산을 빼앗는 관리)의 재산을 빼앗아 백성에게 나누어 주고, 신분 차별이 없는 새로운 나라를 세웁니다. 이러한 내용을 보면 양반으로부터 무시나 괴롭힘을 당하던 서민들의 바람과 신분 제도에 대한 서민들의 변화된 생각을 알 수 있습니다.

① (가)와 (나)는 모두 서민이 중심이 된 서민 문화였다.

② (가)는 주로 사람들이 많이 모이는 곳에서 공연되었다.

③ (가)는 한 명의 소리꾼이 노래와 말, 몸동작을 섞어 공연했다.

④ (나)의 내용에는 서민들의 변화된 생각이나 소망이 담겨 있었다.

⑤ (나)와 같은 문화가 유행하면서 전기수라는 새로운 직업이 생겨났다.

5 다음 구조도의 빈칸에 들어갈 알맞은 어휘를 쓰세요.

조선 후기의 사회 변화

영조와 정조의 개혁 정치

영조의 개혁 정치:
– 탕평책을 실시함.
– 세금을 줄이고, 가혹한 형벌을 금지함.

정조의 개혁 정치:
– 탕평책을 실시하고 규장각을 설치함.
– 자유로운 상업 활동을 보장함.
– ☐☐☐☐을 건설하여
정치, 경제, 군사의 새로운 중심지로 삼고자 함.

☐☐☐☐의 발달

– 한글 소설: 남녀의 사랑, 신분 차별 비판 등의 내용을 흥미롭게 표현한 한글로 된 소설
– ☐☐☐: 소리꾼이 북장단에 맞춰 노래와 말, 몸동작을 섞어 이야기를 풀어 가는 공연
– 탈놀이: 탈을 쓰고 춤을 추면서 하는 연극
– 민화: 서민들의 소망을 담은 실용적인 그림

6 다음 민화 속 까치, 호랑이, 소나무와 같이 민화의 소재에 담긴 의미를 쓰세요.

민화

　　예로부터 우리 민족은 까치가 복을 불러오고, 호랑이는 나쁜 일을 막아 준다고 믿었습니다. 또 소나무는 오래도록 사는 것을 의미했습니다. 그래서 조선 시대에는 까치와 호랑이, 소나무가 그려진 민화로 집을 꾸미곤 했습니다. 이처럼 민화의 소재에는 ＿＿＿＿＿＿＿＿＿＿＿＿＿＿＿＿＿＿＿＿＿＿＿＿＿＿＿＿＿＿＿＿＿＿＿ 담겨 있습니다.

05 개항 전후 조선에는 어떤 일이 일어났을까요?

정답과 해설 24쪽

✦ 개념

▼ 그림으로 중요한 개념을 만나 보세요.

서양의 침략

병인양요

프랑스의 침략
강화도를 침략하고
통상을 요구함 (1866년)

→ 통상: 나라 사이에 서로 물건을 사고파는 일

신미양요

미국의 침략
강화도를 침략하고
통상을 요구함 (1871년)

흥선 대원군

척화비 건립
서양과 교류하지 않겠다는 뜻을
새긴 비석을 전국 곳곳에 세움

✦ 어휘

▼ 개념에서 살펴본 어휘를 문장의 빈칸에 써 보세요.

조선 후기에 **서양**의 배들이 조선 해안에 나타나 통상을 요구했어요.

1866년에 프랑스가 통상을 하자며 [   ]를 일으켰어요.

1871년에는 미국이 통상을 하자며 [   ]를 일으켰어요.

흥선 대원군은 서양과 교류하지 않겠다며 [   ]를 세웠어요.

서양의 침략을 받자 흥선 대원군은 척화비를 세웠지만
그 후 일본과 강화도 조약을 맺게 되었어요.

일본의 침략

운요호 사건

일본의 침략
강화도를 침략하고
통상을 요구함 (1875년)

강화도 조약

최초의 근대적 조약

불평등 조약

1875년에 [   ]이 강화도를 침략해 운요호 사건이 일어났어요.

일본은 이 일을 구실로 조선을 위협해 [   ]을 맺었어요.

강화도 조약은 다른 나라와 맺은 최초의 [   ] 조약이에요.

강화도 조약은 조선에 불리한 내용이 담긴 [   ] 조약이기도 해요.

개항 전후 조선에는 어떤 일이 일어났을까요?

▼ 다음 글을 읽고 물음에 답하세요. (1~6)

핵심 개념

병인양요

❶ 19세기에 들어 조선 해안에는 서양 여러 나라의 배가 자주 나타났어요. 이들은 조선에 항구를 열어 물건을 사고팔자며 통상을 요구했어요. 한편 나라 안에서는 서양의 선교사들이 조선에 몰래 들어와 천주교를 알리고 있었어요. 당시 조선에서는 어린 나이에 왕이 된 고종을 대신해서 고종의 아버지인 흥선 대원군이 나라를 다스리고 있었지요. 흥선 대원군은 다른 나라에서 들어온 종교 때문에 나라가 혼란해질 것을 걱정하여 프랑스 선교사와 조선인 천주교도들을 처형했어요. 그러자 프랑스가 이를 구실로 통상을 요구하며 1866년에 강화도를 침략했어요. 이 사건을 병인양요라고 해요. 양헌수가 이끄는 조선군이 프랑스군을 물리쳤지만, 강화도 외규장각에 보관되어 있던 의궤를 포함해 귀중한 문화재들을 약탈당했어요.

신미양요

❷ 한편 병인양요가 일어나기 전, 미국의 배 한 척이 평양에 들어와 통상을 요구하면서 난동을 부렸어요. 이에 조선에서는 그 배를 불태워 침몰시켰어요. 미국은 이 일을 문제 삼아 통상을 요구하며 1871년에 강화도를 침략했어요. 이 사건을 신미양요라고 해요. 어재연이 이끄는 조선군이 미군에 맞서 싸웠고, 결국 미국은 물러갔어요.

척화비

❸ 병인양요와 신미양요를 겪은 후 흥선 대원군은 전국 각지에 척화비를 세워 서양과 교류하지 않겠다는 뜻을 널리 알렸어요. 척화비에는 서양과 화친하는 것을 물리친다는 내용이 새겨져 있었지요. 하지만 일부 관리들은 다른 나라와 통상을 해야 한다고 주장했어요. 고종이 직접 정치에 나서게 되면서 이러한 목소리는 더욱 높아졌어요.

일본의 침략

❹ 1875년에는 일본이 조선에 통상을 요구하면서 강화도에 쳐들어왔어요. 일본 군함 운요호가 허락 없이 다가오자 조선군은 배 주변에 대포를 쏘며 경고했어요. 그러자 일본은 조선군을 공격하고 영종도에 쳐들어가 약탈하고는, 오히려 이 일의 책임을 조선에 돌리며 통상을 강요했어요. 결국 조선은 1876년 일본과 강화도 조약을 맺고 개항했어요.

강화도 조약

❺ 강화도 조약은 조선이 다른 나라와 맺은 최초의 근대적 조약이에요. 하지만 조선에 불리한 내용이 담긴 불평등한 조약이었어요. 강화도 조약을 맺은 이후 조선은 서양의 여러 나라와도 조약을 맺어 교류하기 시작했어요.

낱말 풀이

• **의궤** 조선 시대에 왕실이나 국가의 중요한 행사 내용을 정리한 책.
• **화친** 나라와 나라 사이에 다툼 없이 가까이 지냄.
• **조약** 국가 간의 문서에 의한 합의.
• **개항** 항구를 열어 외국과 교류를 하는 것.

1 문단별 중심 문장의 빈칸에 들어갈 알맞은 핵심 어휘를 찾아 √표 하세요.

개항 전후 조선에는 어떤 일이 일어났을까요?

❶문단   1866년에 프랑스가 통상을 요구하며 강화도를 침략한 사건을 ( )라고 한다.

☐ 병인양요
☐ 신미양요

❷문단   1871년에 미국이 통상을 요구하며 강화도를 침략한 사건을 ( )라고 한다.

☐ 병인양요
☐ 신미양요

❸문단   병인양요와 신미양요 이후 흥선 대원군은 전국에 ( )를 세웠다.

☐ 항구
☐ 척화비

❹문단   조선은 1876년에 ( )과 강화도 조약을 맺고 개항했다.

☐ 미국
☐ 일본

❺문단   강화도 조약은 다른 나라와 맺은 최초의 근대적 조약이자 ( ) 조약이었다.

☐ 평등
☐ 불평등

2 이 글을 읽고 알 수 있는 내용으로 알맞은 것에는 ○표, 알맞지 않은 것에는 ✕표 하세요.

(1) 조선은 프랑스와 최초의 근대적 조약을 맺었다. ┈┈┈┈┈┈┈ ( )

(2) 19세기에 서양 여러 나라의 배가 조선 해안에 나타나 통상을 요구했다. ┈┈ ( )

(3) 프랑스는 병인양요 때 강화도에 보관되어 있던 문화재들을 빼앗아 갔다. ┈┈ ( )

(4) 흥선 대원군은 척화비를 세워 서양과 교류하지 않겠다는 뜻을 널리 알렸다. ┈┈ ( )

3 병인양요와 신미양요를 정리한 내용으로 알맞지 <u>않은</u> 것을 고르세요. ( )

병인양요	신미양요
흥선 대원군이 프랑스 선교사와 조선인 천주교도들을 처형함.	평양에 들어와 조선인을 공격하는 미국의 배를 조선이 불태워 침몰시킴.
↓	↓
① <u>프랑스가 강화도를 침략함.</u>	④ <u>미국이 강화도를 침략함.</u>
↓	↓
② <u>양헌수가 이끄는 조선군이 프랑스군을 물리침.</u>	⑤ <u>어재연이 이끄는 조선군이 미군과 싸워 패함.</u>
↓	
③ <u>프랑스가 의궤 등 여러 문화재를 약탈해 감.</u>	

4 이 글과 <보기>를 읽고, 강화도 조약에 대한 설명으로 알맞지 <u>않은</u> 것을 고르세요. ( )

───── 〈보기〉 ─────

　　강화도 조약은 조선이 근대 국가로서 다른 나라와 처음으로 맺은 조약입니다. 이후 조선은 미국, 영국, 러시아 등 여러 나라와 조약을 맺어 근대 사회로 나아가는 발판을 마련했습니다.

　　하지만 강화도 조약은 일본에 유리한 불평등 조약이었습니다. 조선은 강화도 조약에 따라 일본과 무역을 할 세 개의 항구를 열어 주어야 했는데, 일본인들이 항구에 머무르는 동안 범죄를 저지르면 일본의 법으로 처벌해야 했습니다. 이 때문에 조선 정부는 일본인의 범죄에 제대로 대응할 수 없었습니다. 그뿐만 아니라 일본인이 조선의 해안을 자유롭게 조사할 수 있게 허락해야 했습니다. 이로 인해 일본이 우리나라 지도를 만들 수 있게 되었고, 이는 훗날 일본이 조선을 침략하는 데 이용되었습니다.

① 1876년에 조선이 일본과 맺은 조약이다.

② 조약을 맺은 이후 조선은 일본에 세 개의 항구를 개항했다.

③ 조선이 미국, 영국, 러시아에 이어 네 번째로 맺은 근대적 조약이다.

④ 조선은 조선의 항구에서 범죄를 저지른 일본인을 조선의 법으로 처벌할 수 없었다.

⑤ 일본인이 조선의 해안을 자유롭게 조사할 수 있도록 허락한다는 내용이 들어 있었다.

5 다음 구조도의 빈칸에 들어갈 알맞은 어휘를 쓰세요.

개항 전후 조선

서양의 침략

- 병인양요: 프랑스가 통상을 요구하
  며 강화도를 침략함.
- □□□□□: 미국이 통상
  을 요구하며 강화도를 침략함.

흥선 대원군이 □□□를 세움.

일본의 침략

- 운요호 사건: 일본이 통상을 요구하
  며 강화도를 침략함.
- 최초의 근대적 조약이자 불평등 조
  약인 □□□ □□을
  맺음.

6 다음 척화비의 내용을 보고, 흥선 대원군이 척화비를 세운 까닭을 <조건>에 맞게 쓰세요.

척화비

서양 오랑캐가 침범
하였을 때 싸우지
않는 것은 화친하는
것이요, 화친을 주
장하는 것은 나라를
파는 것이다.

〈조건〉
1. 척화비를 세운 계기가 된 두 사건을 넣어 쓰
   세요.
2. '흥선 대원군은 ~ 뜻을 널리 알리기 위해 척
   화비를 세웠습니다.'의 형식에 맞게 쓰세요.

06 개항 이후 조선 사람들은 어떻게 세상을 바꾸려 했을까요?

정답과 해설 25쪽

✦ 개념

▼ 그림으로 중요한 개념을 만나 보세요.

갑신정변

갑신정변

개혁안의 주요 내용

급진 개화파가
일으킨 정변

청을 섬기던
태도를 버린다

모두가 평등한
권리를 가진다

세금 제도를
고친다

→ 급진 개화파: 조선을 빠르게 개화시켜
자주독립 국가를 세우려 한 세력

✦ 어휘

▼ 개념에서 살펴본 어휘를 문장의 빈칸에 써 보세요.

급진 개화파는 조선을 빠르게 바꾸고자 [   ]을 일으켰어요.

급진 개화파는 조선이 [   ]의 간섭에서 벗어나야 한다고 생각했어요.

급진 개화파는 모든 사람이 [   ]한 권리를 가져야 한다고 생각했어요.

급진 개화파는 [   ] 제도 등 사회 제도를 고쳐야 한다고 생각했어요.

개항 이후에 조선 사람들은 나라를 개혁하고자
갑신정변과 동학 농민 운동을 일으켰어요.

동학 농민 운동

농민 봉기	전주성 점령	정부 협상, 해산	우금치 패배

전봉준을 중심으로 농민들이 들고일어남	농민군이 전주성을 점령하고 개혁안을 제시함	정부와 협상해 개혁을 약속받고 해산함	청일 전쟁이 일어나자 일본을 몰아내려 다시 봉기했지만 우금치에서 패배함

전봉준을 지도자로 농민들이 들고일어나 [   ]을 일으켰어요.

동학 농민군은 [   ]을 점령하고 개혁안을 제시했어요.

동학 농민군은 정부가 개혁안을 들어주기로 하자 [ ]했어요.

동학 농민군은 일본을 몰아내려 다시 일어났지만 [ ]에서 지며 실패했어요.

개항 이후 조선 사람들은 어떻게 세상을 바꾸려 했을까요?

▼ 다음 글을 읽고 물음에 답하세요. (1~6)

핵심 개념

개화에 대한 생각

❶ 개항 이후, 조선 사람들은 개화에 대한 생각이 서로 달랐어요. 최익현 등 개화에 반대한 사람도 있었고, 서양의 문물을 받아들여 개화해야 한다는 사람도 있었어요. 개화를 찬성하는 사람들도 의견이 나뉘었어요. 김홍집 등 온건 개화파는 조선의 법과 제도는 지키되 서양의 기술은 받아들이자고 주장했어요. 반면 김옥균 등 급진 개화파는 서양의 기술뿐 아니라 제도와 사상까지 받아들여야 한다고 주장했어요.

갑신정변

❷ 이 당시 조선은 청의 간섭을 받고 있었어요. 급진 개화파는 청의 간섭을 물리치고 사회 제도를 고쳐 조선을 개혁하려고 했어요. 이들은 일본에 군사적 지원을 약속받고, 1884년 우정총국 개국 축하 잔치에서 정변을 일으켰어요. 이를 갑신정변이라고 해요. 그리고 새 정부를 만들어 개혁안을 발표했어요. 개혁안에는 청에 바치던 조공을 없애고, 모든 백성이 평등한 권리를 갖게 하며, 세금 제도 등을 고쳐 관리의 부정을 막는다는 내용 등이 담겨 있었어요. 하지만 청군의 공격을 받아 3일 만에 실패로 끝났어요. 정변을 이끈 인물들은 일본으로 피신했고, 청의 간섭은 오히려 심해졌지요.

동학 농민 운동

❸ 개항 이후 물가가 오르고 관리들의 수탈과 횡포가 심해져 백성들의 생활은 더욱 어려워졌어요. 이 무렵 인간 평등사상을 바탕으로 한 종교인 동학이 백성들 사이에 널리 퍼졌어요. 한편 전라도 고부 지역의 군수는 농민들에게 혹독하게 세금을 거두어들였어요. 이에 1894년 동학을 믿던 사람들과 농민들이 전봉준을 지도자로 하여 관아를 공격했어요. 이를 시작으로 발전한 대규모 농민 운동을 동학 농민 운동이라고 해요.

❹ 동학 농민군은 빠르게 세력을 늘리며 전라도 일대를 장악하고 전주성을 점령했어요. 그러자 조선 정부는 청에 도움을 요청했어요. 청이 조선에 군대를 보내자 일본도 일본인을 보호한다는 핑계를 대며 군대를 보냈어요. 동학 농민군은 청과 일본이 조선에 간섭하는 것을 막기 위해 정부로부터 부패한 관리를 처벌하고, 잡다한 세금을 없애는 등의 개혁안을 약속받고 스스로 해산했어요. 그런데 청과 일본은 조선에서 물러나지 않고 전쟁을 벌였어요. 청일 전쟁에서 유리해진 일본이 조선의 정치에 깊이 간섭하자, 동학 농민군은 일본을 몰아내려고 다시 봉기했어요. 하지만 공주 우금치 전투에서 일본군과 관군에 패하여 결국 해산했어요. 동학 농민 운동은 비록 실패로 끝났지만, 백성이 스스로 중심이 되어 나라를 개혁하고 외세를 몰아내고자 한 운동이었어요.

낱말 풀이

• **개화** 다른 나라의 발전된 문화나 제도를 받아들이는 것.
• **우정총국** 조선 말에 우편 업무를 담당하던 기관.
• **정변** 반란이나 혁명 등 법에 어긋나는 방법으로 생긴 정치적인 큰 변화.
• **조공** 자기 나라보다 힘이 강한 나라에 예물을 보내는 것.

1 문단별 중심 문장의 빈칸에 들어갈 알맞은 핵심 어휘를 찾아 √표 하세요.

> **개항 이후 조선 사람들은 어떻게 세상을 바꾸려 했을까요?**

❶문단 개항 이후 (　　　)에 대한 조선 사람들의 생각은 서로 달랐다.
- [ ] 개화
- [ ] 동학

❷문단 급진 개화파는 청의 간섭을 물리치고 조선을 개혁하고자 (　　　)을 일으켰다.
- [ ] 갑신정변
- [ ] 동학 농민 운동

❸문단 농민들은 (　　　)을 지도자로 하여 들고일어나 동학 농민 운동을 일으켰다.
- [ ] 김옥균
- [ ] 전봉준

❹문단 (　　　)은 백성들이 스스로 나라를 개혁하고 외세를 몰아내고자 한 운동이었다.
- [ ] 갑신정변
- [ ] 동학 농민 운동

2 이 글을 읽고 알 수 있는 내용으로 알맞은 것에는 ○표, 알맞지 않은 것에는 ✕표 하세요.

(1) 동학은 인간 평등사상을 바탕으로 한 종교이다. ──────── (　　　)

(2) 급진 개화파가 일으킨 갑신정변은 3일 만에 실패로 끝났다. ──────── (　　　)

(3) 온건 개화파는 서양의 제도와 사상까지 받아들여야 한다고 주장했다. ──────── (　　　)

(4) 스스로 해산했던 동학 농민군은 청일 전쟁이 일어나자 일본의 간섭을 막기 위해 다시 일어났다. ──────── (　　　)

3 동학 농민 운동이 전개된 순서로 알맞은 것을 고르세요. (   )

> ㉠ 동학 농민군이 들고일어나 전주성을 점령했다.
> ㉡ 동학 농민군은 정부로부터 개혁안을 약속받고 스스로 해산했다.
> ㉢ 조선 정부가 청에 군대를 요청하였고, 일본도 조선에 군대를 보냈다.
> ㉣ 조선에서 청과 일본이 전쟁을 벌였고, 일본이 조선 정치에 간섭하기 시작했다.
> ㉤ 동학 농민군이 일본을 몰아내려고 다시 일어났으나 일본군과 관군에게 패했다.

① ㉠ – ㉡ – ㉤ – ㉢ – ㉣ 　　　② ㉠ – ㉢ – ㉡ – ㉣ – ㉤

③ ㉡ – ㉣ – ㉤ – ㉠ – ㉢ 　　　④ ㉣ – ㉤ – ㉠ – ㉢ – ㉡

⑤ ㉤ – ㉠ – ㉢ – ㉡ – ㉣

4 이 글과 <보기>를 읽고, 개항 이후 조선 사람들이 원했던 사회 모습으로 알맞지 않은 것을 고르세요. (   )

〈보기〉

갑신정변의 개혁안

- 청에 바치던 조공을 없앤다.
- 신분과 지위를 없애고 능력에 따라 관리를 뽑는다.
- 백성들이 평등한 권리를 갖는 제도를 만든다.
- 토지, 세금 제도를 고쳐 백성들의 부담을 덜어 주고 국가 살림을 튼튼히 한다.

동학 농민군의 개혁안

- 수탈을 일삼는 벼슬아치와 못된 양반은 그 죄를 조사하여 엄하게 벌한다.
- 노비 문서를 불태운다.
- 천한 신분의 대우를 개선한다.
- 정해진 세금 외에 잡다한 세금을 없앤다.
- 일본에 협력하는 사람은 엄하게 벌한다.

① 급진 개화파는 신분제가 폐지되기를 바랐다.

② 신분 차별을 개선해 평등한 사회가 되기를 꿈꿨다.

③ 세금 제도를 고쳐 백성들의 생활이 안정되기를 바랐다.

④ 동학 농민군은 조선이 외국과 적극적으로 협력하기를 바랐다.

⑤ 부정부패를 일삼는 관리들을 벌하고 관리의 부정을 막고자 했다.

5 다음 구조도의 빈칸에 들어갈 알맞은 어휘를 쓰세요.

조선을 개혁하려는 노력

☐☐☐☐	동학 농민 운동

☐☐☐☐

- 급진 개화파가 일으킴.
- ☐의 간섭을 물리치고 사회 제도를 고쳐 개혁하려고 함.
- 개혁안: 청에 바치던 조공 폐지, 평등한 권리, 세금 제도 개혁 등
- 청의 개입으로 3일 만에 실패함.

동학 농민 운동

고부 군수의 횡포가 심해지자 동학교도, 농민들이 봉기함.
↓
청과 일본이 군대를 파견하자 정부의 개혁 약속을 받고 농민군이 해산함.
↓
청과 일본이 조선에서 전쟁을 벌이자 ☐☐을 몰아내려고 다시 봉기함.
↓
우금치 전투 패배로 해산함.

6 다음 대화의 밑줄 친 부분에 들어갈 동학 농민 운동의 성격을 쓰세요.

동학 농민 운동은 백성이 중심이 되어 나라를 개혁하고자 한 운동이야. 동학 농민군은 부패한 관리를 처벌하고, 노비 문서를 불태우며, 정해진 세금만 걷고, 토지를 고르게 나누는 등의 개혁안을 제시했지.

동학 농민 운동은 _____ 운동이기도 해. 조선의 정치에 간섭하는 일본을 몰아내려고 다시 일어났지.

▼ 다음 글을 읽고 물음에 답하세요. (1~3)

(가)　조선 시대에는 태어나면서부터 신분이 정해졌어요. 사람들은 주어진 신분대로 살아가야 했어요. 조선 시대의 신분은 크게 양인과 천인(천민)으로 나뉘었고, 양인은 다시 양반, 중인, 상민으로 구분되었어요. 양반은 주로 글공부를 하여 나랏일을 하는 관리가 되었고, 중인은 양반을 도와 향리로 일하거나 의관, 역관, 화원 등이 되어 전문적인 일을 했어요. 상민은 대부분 농사를 짓거나 장사를 했어요. 천민은 대부분 노비로, 관청이나 양반의 집에 속하여 허드렛일을 했어요.

(나)　조선 후기에는 경제적으로 여유 있는 서민들이 생겨나고, 서민들의 의식이 높아지면서 한글 소설, 판소리, 탈놀이, 민화 등 서민이 중심이 된 서민 문화가 발달하게 되었어요.
　한글 소설에는 『홍길동전』, 『춘향전』, 『심청전』, 『흥부전』, 『장화홍련전』 등이 있어요. 장터처럼 사람들이 많이 모이는 곳에서는 판소리나 탈놀이가 유행했어요. 탈놀이는 부패한 양반을 풍자하거나 사회 문제를 꼬집는 내용이 많아 특히 서민에게 인기를 얻었고, 판소리는 서민뿐만 아니라 양반들도 즐겼어요. 해, 나무, 동물 등을 소재로 그려 집 안을 장식했던 민화에는 장수와 복을 비는 서민들의 소망이 담겨 있어요.

1 (가)~(라)를 바탕으로 조선 시대의 신분에 대한 설명으로 알맞은 것을 고르세요.　　(　　)

① 양인에는 양반, 상민, 천민이 포함되었다.
② 능력에 따라 주어진 신분을 바꿀 수 있었다.
③ 조선 후기에는 양반보다 천민의 신분이 더 높아졌다.
④ 조선 후기에는 양반들이 서민들로부터 크게 존경을 받았다.
⑤ 조선 후기에 일어난 대규모 농민 운동에서 천한 신분의 대우를 개선하려 했다.

2 다음과 같은 그림이 유행한 시기에 볼 수 있었던 모습으로 알맞지 <u>않은</u> 것을 고르세요.　　(　　)

민화

① 서민과 양반이 판소리를 즐겼다.
② 서민들이 한글 소설을 즐겨 읽었다.
③ 서민들은 민화를 걸어 집 안을 꾸몄다.
④ 탈놀이에서 서민을 조롱하고 풍자했다.
⑤ 여유 있는 서민이 생기면서 서민 문화가 인기를 끌었다.

(다)   개항 이후 관리들의 수탈이 심해져 백성들의 생활이 어려워지자 1894년 농민들이 전봉준을 지도자로 해 관아를 공격했어요. 이를 시작으로 발전한 대규모 농민 운동을 동학 농민 운동이라 해요. 동학 농민군이 빠르게 세력을 늘려 전주성을 점령하자 조선 정부는 청에 도움을 요청했어요. 청이 조선에 군대를 보내자 일본도 일본인을 보호한다는 핑계로 군대를 보냈어요. 동학 농민군은 청과 일본이 조선에 간섭하는 것을 막기 위해 정부로부터 개혁안을 약속받고 스스로 해산했어요.

(라)

동학 농민군의 개혁안

2. 수탈을 일삼는 벼슬아치와 못된 양반은 그 죄를 조사하여 엄하게 처벌한다.

6. 천한 신분의 대우를 개선한다.

8. 정해진 세금 외에 잡다한 세금을 없앤다.

10. 일본에 협력하는 사람은 엄하게 벌한다.

3 <보기>에 나타난 사건에 대한 설명으로 알맞지 <u>않은</u> 것을 고르세요.   (   )

─ 〈보기〉 ─

사건 일지

1월 10일 전봉준을 중심으로 한 농민들이 고부 관아를 공격함.

4월 27일 동학 농민군이 전주성을 점령함.

5월 5일 청의 군대가 아산에 상륙하고 다음날 일본 군대도 인천에 상륙함.

5월 8일 동학 농민군이 개혁안을 약속 받고 스스로 해산함.

11월 8일 9월에 다시 일어났던 동학 농민군이 우금치 전투에서 크게 패배해 해산함.

① 전봉준을 중심으로 일어난 농민 운동이다.

② 동학 농민군은 전주성에서 청과 일본의 군대를 물리쳤다.

③ 농민들이 관아를 공격한 것을 시작으로 대규모 농민 운동으로 발전했다.

④ 동학 농민군은 외세의 개입을 막기 위해 조선 정부와 약속하고 스스로 해산했다.

⑤ 동학 농민군의 개혁안에는 부패한 관리 처벌과 세금 제도 개혁 등의 내용이 들어 있었다.

▼ 문장의 빈칸에 들어갈 알맞은 어휘를 **보기** 에서 골라 쓰세요. (1~6)

---

01 조선은 어떻게 세워졌을까요? **보기** **개경** / **고려** / **조선** / **한양**

(1) 이성계는 신진 사대부와 손잡고 (   )을/를 세웠다.

(2) 조선의 도읍인 (   )은/는 외적의 침입을 막고 나라를 다스리기 좋은 곳이었다.

---

02 조선 전기의 사회 모습은 어땠을까요? **보기** **불교** / **수원 화성** / **유교** / **훈민정음**

(1) 조선은 (   )을/를 기본 정신으로 삼아 나라를 다스렸다.

(2) 세종은 백성을 위해 (   )와/과 여러 가지 과학 기구를 만들었다.

---

03 조선은 임진왜란과 병자호란을 어떻게 이겨냈을까요? **보기** **남한산성** / **병자호란** / **삼전도** / **임진왜란**

(1) 1592년, 일본이 조선을 쳐들어와 (   )이/가 일어났다.

(2) 1636년, 청이 조선을 쳐들어오자 인조는 (   )에서 맞섰지만 결국 항복했다.

---

04 조선 후기에는 어떤 사회 변화가 있었을까요? **보기** **붕당 정치** / **상공업** / **서민 문화** / **탕평책**

(1) 영조와 정조는 (   )을/를 실시하는 등 개혁 정치를 펼쳤다.

(2) 조선 후기에는 서민이 중심이 된 (   )이/가 발달했다.

---

05 개항 전후 조선에는 어떤 일이 일어났을까요? **보기** **일본** / **척화비** / **프랑스** / **항구**

(1) 병인양요와 신미양요 이후 흥선 대원군은 전국에 (   )을/를 세웠다.

(2) 조선은 1876년에 (   )와/과 강화도 조약을 맺고 개항했다.

---

06 개항 이후 조선 사람들은 어떻게 세상을
바꾸려 했을까요? **보기** **갑신정변** / **동학 농민 운동** / **청일 전쟁**

(1) 급진 개화파는 청의 간섭을 물리치고 조선을 개혁하고자 (   )을/를 일으켰다.

(2) 농민들은 전봉준을 지도자로 하여 (   )을/를 일으켰다.

일제 침략부터
6·25 전쟁까지의 역사

✦ 개념

▼ 그림으로 중요한 개념을 만나 보세요.

대한 제국의 수립

청일 전쟁

일본이 청과
전쟁을 벌여 승리함
(1894년)

을미사변

일본이
명성 황후를 시해함
(1895년)

아관 파천

고종이 러시아
공사관으로 피신함
(1896년)

대한 제국 수립 선포

나라 이름을
대한 제국으로 바꾸고
자주독립 국가임을 밝힘
(1897년)

✦ 어휘

▼ 개념에서 살펴본 어휘를 문장의 빈칸에 써 보세요.

청일 전쟁에서 이긴 **일본**은 조선의 일에 깊이 간섭했어요.

이에 명성 황후가 러시아와 손잡으려 하자 일본은   을 일으켰어요.

이 일로 위협을 느낀 고종은   으로 몸을 피했어요.

궁궐로 돌아온 고종은   수립을 선포했어요.

고종은 대한 제국 수립을 선포하여 자주독립 국가임을 밝혔고,
독립 협회는 독립문을 세워 자주독립을 주장했어요.

독립 협회의 활동

독립신문 발행

서재필이 중심이 되어
우리나라 최초의
민간 신문을 만듦

독립문 건립

자주독립 의지를 높이고자
독립문을 세움

만민 공동회 개최

누구나 참여해
나랏일에 대한 생각을
이야기하게 함

외세 간섭이 심해지자 서재필은 [   ]을 펴내 나라 안팎의 일을 알렸어요.

이어서 서재필 등은 **독립 협회**를 만들어 자주독립을 강조했어요.

독립 협회는 자주독립 의지를 높이고자 [   ]을 세웠어요.

또 [   ]를 열어 누구나 나랏일에 대해 말할 수 있게 했어요.

대한 제국 시기에 자주독립을 위해 어떤 노력을 했을까요?

▼ 다음 글을 읽고 물음에 답하세요. (1~6)

핵심 개념

을미사변과
아관 파천

❶ 일본은 청일 전쟁에서 승리한 후 조선의 정치에 깊이 간섭하기 시작했어요. 고종과 명성 황후는 일본의 간섭에서 벗어나기 위해 러시아의 힘을 빌리려고 했어요. 이에 일본은 1895년, 을미사변을 일으켰어요. 을미사변은 일본이 경복궁에 침입해 명성 황후를 시해한 사건이에요. 일본의 위협을 느낀 고종은 다음 해에 러시아 공사관으로 피신했어요. 이를 아관 파천이라고 해요. 아관 파천으로 조선에서 일본의 영향력은 줄었으나 러시아, 미국 등 여러 나라의 간섭과 경제적 침략이 심해졌어요.

대한 제국의
수립과 개혁

❷ 러시아 공사관에 머물던 고종은 1년 만에 경운궁으로 돌아왔어요. 그리고 황제로 즉위한 뒤 나라 이름을 대한 제국으로 바꾸고 대한 제국이 자주독립 국가임을 밝혔어요. 대한 제국은 여러 가지 개혁을 추진했어요. 군사 제도를 개혁하고, 전기, 전차, 병원 등 근대 시설을 도입했어요. 상공업 발전을 위해 각종 공장과 회사, 은행 설립도 지원했어요. 또 학교를 세워 새로운 학문과 기술을 가르치고, 학생들을 유학 보내 근대 국가에 필요한 인재를 기르고자 했어요. 이처럼 대한 제국은 발달된 문물을 받아들이고 개혁하여 근대 국가로 나아가려고 했어요. 하지만 황제의 권리를 지나치게 강조하고, 백성의 의견을 정치에 반영하지 못하였으며, 다른 나라의 간섭이 계속되어 큰 성과를 거두지 못했어요.

독립 협회의
활동

❸ 아관 파천 이후 여러 나라의 간섭이 심해진 상황에서 서재필은 사람들에게 자주독립과 근대 개혁의 필요성을 일깨워야겠다고 생각하고, 정부의 지원을 받아 『독립신문』을 펴냈어요. 우리나라 최초의 민간 신문인 『독립신문』은 한글로 쓰여 있어서 누구나 쉽게 읽고, 나라 안팎의 소식을 알 수 있었어요.

❹ 그 후 서재필은 정부의 관료, 개화파 지식인과 함께 1896년에 독립 협회를 만들었어요. 독립 협회는 자주독립에 대한 의지를 높이고자 중국의 사신을 맞이하던 영은문을 허물고 그 자리에 독립문을 세웠어요. 또 많은 사람이 한자리에 모이는 만민 공동회를 열어서 나랏일에 대한 의견을 자유롭게 토론할 수 있도록 했어요. 만민 공동회에서는 양반뿐만 아니라 신분이 낮은 사람들도 누구나 사회 문제에 대해 자신의 생각을 말할 수 있었어요. 만민 공동회에 모인 사람들은 러시아를 비롯한 외세의 간섭을 비판하고, 정부가 하는 일에 대해 잘잘못을 따지기도 했어요.

낱말 풀이

• **시해** 부모나 임금 등 윗사람을 죽이는 것.
• **파천** 임금이 난리를 피해 거처를 옮기는 것.
• **자주독립** 남의 간섭을 받거나 남에게 기대지 않고 주권(국가의 의사를 최종적으로 결정하는 권력)을 행사하는 일.

1 문단별 중심 문장의 빈칸에 들어갈 알맞은 핵심 어휘를 찾아 √표 하세요.

대한 제국 시기에 자주독립을 위해 어떤 노력을 했을까요?

❶문단 (   )이 일어나자 위협을 느낀 고종은 러시아 공사관으로 피신했다.

☐ 을미사변
☐ 아관 파천

❷문단 고종은 경운궁으로 돌아와 황제로 즉위한 뒤 나라 이름을 (   )으로 바꾸고 개혁을 추진했다.

☐ 조선
☐ 대한 제국

❸문단 서재필은 우리나라 최초의 민간 신문인 『(   )』을 펴냈다.

☐ 독립신문
☐ 대한 제국

❹문단 독립 협회는 (   )을 세우고 만민 공동회를 여는 등 자주독립을 위한 다양한 활동을 했다.

☐ 독립문
☐ 영은문

2 이 글을 읽고 알 수 있는 내용으로 알맞은 것에는 ○표, 알맞지 않은 것에는 ✕표 하세요.

(1) 아관 파천 이후 조선에 대한 일본의 영향력이 더욱 커졌다. ⸺⸺⸺ (   )

(2) 독립 협회는 자주독립 의지를 높이기 위해 독립문을 세웠다. ⸺⸺ (   )

(3) 만민 공동회는 신분이 높은 사람들이 모여 나랏일을 의논하는 자리였다. ⸺⸺ (   )

(4) 대한 제국은 군사 제도를 개혁하고 근대 시설을 세우는 등 여러 가지 개혁을 추진했다. ⸺⸺⸺⸺ (   )

3 다음 중 (가) 시기에 있었던 일로 알맞은 것을 고르세요. ( )

1894년	1895년	1896년	1897년
청일 전쟁	(가)	아관 파천	대한 제국 수립

① 일본이 명성 황후를 시해했다.

② 최초의 민간 신문인 『독립신문』이 발행됐다.

③ 서재필을 중심으로 독립 협회가 만들어졌다.

④ 러시아 공사관에 머물던 고종이 경운궁으로 돌아왔다.

⑤ 고종이 나라 이름을 바꾸고 황제를 중심으로 여러 가지 개혁을 추진했다.

4 이 글과 <보기>를 읽고, 대한 제국의 개혁에 대한 설명으로 알맞지 <u>않은</u> 것을 고르세요. ( )

─〈보기〉─

대한 제국의 황제로 즉위하여
개혁을 추진한 고종

– 1899년, 서대문과 청량리 사이를 달리는 우리나라 최초의 전차가 개통되었습니다. 전차란 전기의 힘으로 달리는 차를 말합니다. 1898년에 수도인 한성에 전기 회사가 들어선 이후 덕수궁에 전화가 설치되었고, 전차가 등장하면서 이동과 통신이 몰라보게 편리해졌습니다. 이에 따라 서울의 모습도 크게 달라졌습니다.

– 개혁 이후, 대한 제국에는 많은 공장과 회사가 세워졌습니다. 또 한성은행, 천일은행과 같은 근대적 은행이 세워지는 등 상공업 발전을 위해 다양한 노력이 이뤄졌습니다. 한편 근대적 학문과 기술을 갖춘 인재를 키우기 위해 소학교, 중학교, 외국어 학교 등 많은 국공립 학교가 세워졌습니다.

① 여러 분야에 걸쳐 근대적인 개혁을 추진했다.

② 만민 공동회를 열어 백성의 의견을 정책에 반영했다.

③ 다른 나라의 계속된 간섭으로 큰 성과를 거두지 못했다.

④ 전기, 전차 등 발달된 문물과 새로운 학문, 기술을 받아들였다.

⑤ 공장과 회사, 은행 설립을 지원해 상공업을 발전시키고자 했다.

다음 구조도의 빈칸에 들어갈 알맞은 어휘를 쓰세요.

```
            자주독립을 위한 노력
```

| 대한 제국의 수립 과정 | ☐☐ ☐☐ 의 활동 |

대한 제국의 수립 과정

일본이 명성 황후를 시해함(을미사변).

↓

고종이

☐☐☐☐ ☐☐☐ 으로

피신함(아관 파천).

↓

고종이 황제로 즉위해
대한 제국을 선포함.

↓

대한 제국이 여러 개혁을 추진함.

☐☐ ☐☐ 의 활동

- 『독립신문』 발행: 나라 안팎의 소식
  을 알림.

↓

〈독립 협회 설립〉

- 독립문 건립: 자주독립에 대한 의지
  를 높이고자 함.

- ☐☐ ☐☐☐ 개최:
  나랏일에 대한 의견을 누구나 자유
  롭게 나누게 함.

독립 협회가 다음과 같이 영은문을 허물고 독립문을 세운 까닭을 쓰세요.

영은문 → 독립문

영은문은 조선 시대에 중국의 사신을 맞이하기 위해 세운 문입니다. 독립 협회는

1896년에 영은문을 허물고 독립문을 세웠습니다.

▼ 그림으로 중요한 개념을 만나 보세요.

✦ 개념

일제의 국권 침탈 과정

러일 전쟁	을사늑약	헤이그 특사 파견	한일 병합 조약

| 일제가 러시아와 전쟁을 벌여 승리함 ▶ | 일제가 대한 제국의 외교권을 빼앗음 (1905년) ▶ | 을사늑약이 무효임을 알리고자 헤이그 특사를 보냈으나 실패함 ▶ | 일제가 대한 제국의 국권을 빼앗음 (1910년) |

→ 일제: '일본 제국주의'를 줄인 말로,
자기 나라의 이익을 위해 주변 나라를
침략한 일본을 가리키는 말

✦ 어휘

▼ 개념에서 살펴본 어휘를 문장의 빈칸에 써 보세요.

러일 전쟁에서 승리한 [　　　]는 대한 제국의 정치에 깊이 간섭했어요.

일제는 강제로 [　　　　　]을 맺고 대한 제국의 외교권을 빼앗았어요.

고종은 헤이그 특사를 보내 을사늑약이 [　　　]임을 알리려 했지만 실패했어요.

1910년 한일 병합 조약으로 대한 제국은 일제에 [　　　]을 빼앗겼어요.

우리 민족은 일제의 국권 침탈에 저항하고
나라를 지키기 위해 다양한 활동을 했어요.

국권을 지키려는 노력

항일 의병 운동

일제 침략에 맞서
전국 곳곳에서 일어남

애국 계몽 운동

안창호

애국심을 높이고
민족의 실력을 키우려는
운동이 펼쳐짐

의거 활동

안중근

국권 침탈에 앞장선
이들을 처단함

우리 민족은 을사늑약 체결 이후 일제의 침략에 맞서 **국권**을 지키려 노력했어요.

전국 곳곳에서 [ ][ ][ ]이 일어나 일제에 저항했어요.

안창호 등은 민족의 실력을 키우려는 [ ][ ][ ]을 펼쳤어요.

안중근 등은 국권 침탈에 앞장선 이들을 처단하는 [ ][ ]을 했어요.

일제의 국권 침탈에 맞서 우리 민족은 어떻게 저항했을까요?

핵심 개념

▼ 다음 글을 읽고 물음에 답하세요. (1~6)

을사늑약

❶ 한반도의 지배권을 두고 러시아와 대립하던 일제는 1904년, 러일 전쟁을 일으켰어요. 이 전쟁에서 승리한 일제는 대한 제국의 정치에 깊이 간섭하며 침략을 본격적으로 추진했어요. 일제는 강제로 을사늑약을 맺어 대한 제국의 외교권을 **빼앗았어요.** 늑약이란 억지로 맺은 조약을 뜻해요. 고종이 동의하지 않았는데도, 이완용을 비롯한 을사오적이 일제의 편을 들어 을사늑약을 체결했어요. 늑약의 결과로 대한 제국은 독립국의 지위를 잃고, 다른 나라와 자립적인 외교 활동을 하기 어렵게 되었어요.

헤이그 특사

❷ 고종은 을사늑약이 강제로 체결된 부당한 조약이며, 따라서 무효라는 것을 국제 사회에 알리려고 했어요. 이를 위해 네덜란드의 헤이그에서 열리는 만국 평화 회의에 세 명의 특사를 보냈어요. 하지만 일제의 방해로 헤이그 특사는 회의에 참석하지 못했어요. 오히려 일제는 이 사건을 구실로 고종을 황제 자리에서 강제로 물러나게 하고, 대한 제국의 군대도 해산했어요.

항일 의병 운동

❸ 을사늑약이 체결되자 이에 반발해 전국 곳곳에서 항일 의병 운동이 일어났어요. 다양한 사람들이 참여했으며, 신돌석과 같은 평민 출신 의병장이 크게 활약하기도 했어요. 대한 제국 군대가 해산된 뒤에는 군인들이 의병에 참여해 의병 운동이 더욱 조직적으로 발전했어요. 일제는 의병 운동을 거세게 탄압했고, 많은 의병이 목숨을 잃었어요. 살아남은 의병들은 만주나 연해주 등으로 건너가 독립군이 되었어요.

애국 계몽 운동, 의거 활동

❹ 한편, 애국심을 높이고 민족의 실력을 길러 나라를 지키려는 애국 계몽 운동도 일어났어요. 안창호는 대성 학교를 세워 우리 글과 역사를 가르치고, 회사를 세워 산업을 발전시키려 했어요. 또 민족 지도자들은 일본에 진 빚을 국민의 힘으로 갚아 경제적 독립을 이루려는 국채 보상 운동을 벌였어요. 국권 침탈에 앞장선 인물들을 직접 처단하려는 의거 활동도 이어졌어요. 안중근은 침략에 앞장섰던 이토 히로부미를 만주 하얼빈역에서 사살했어요. 이토 히로부미는 을사늑약 체결을 주도하는 등 침략에 앞장섰던 인물이에요. 현장에서 체포된 안중근은 재판 과정에서 일제의 침략 행위를 당당하게 비판했어요.

일제의 국권 침탈

❺ 이처럼 우리 민족은 일제의 국권 침탈에 맞서 끈질긴 저항 운동을 벌였지만, 1910년에 한일 병합 조약이 체결되어 결국 일제에 국권을 **빼앗겼어요.**

낱말 풀이

• **을사오적** 을사늑약에 찬성해 서명한 다섯 명의 신하. • **특사** 특별한 임무를 띠고 파견되는 외교 사절.
• **계몽** 지식수준이 낮거나 의식이 덜 깬 사람들을 깨우쳐 줌.
• **국채 보상 운동** 1907년에 일본에 진 나라 빚을 국민들의 모금으로 갚아 경제적으로 자립하려는 목적으로 전개된 운동.

1 문단별 중심 문장의 빈칸에 들어갈 알맞은 핵심 어휘를 찾아 √표 하세요.

일제의 국권 침탈에 맞서 우리 민족은 어떻게 저항했을까요?

❶문단 일제는 강제로 (　　　)을 맺어 대한 제국의 외교권을 빼앗았다.
- ☐ 을사늑약
- ☐ 한일 병합 조약

❷문단 고종은 을사늑약이 무효라는 것을 국제 사회에 알리기 위해 (　　　)를 파견했다.
- ☐ 헤이그 특사
- ☐ 대한 제국 군대

❸문단 을사늑약이 체결되자 전국 곳곳에서 양반, 농민, 여성, 군인 등 다양한 사람들이 참여한 (　　　)이 일어났다.
- ☐ 애국 계몽 운동
- ☐ 항일 의병 운동

❹문단 민족의 실력을 길러 나라를 지키려는 (　　　)이 일어났고, 안중근 등의 의거 활동도 이어졌다.
- ☐ 애국 계몽 운동
- ☐ 항일 의병 운동

❺문단 1910년 한일 병합 조약이 체결되어 대한 제국은 일제에 (　　　)을 빼앗겼다.
- ☐ 국권
- ☐ 외교권

2 이 글을 읽고 알 수 있는 내용으로 알맞은 것에는 ○표, 알맞지 않은 것에는 ✕표 하세요.

(1) 을사늑약으로 대한 제국은 일제에 국권을 빼앗겼다. ────────── (　　)

(2) 안창호는 민족의 실력을 길러 나라를 지키고자 학교와 회사를 세웠다. ──── (　　)

(3) 신돌석은 양반 출신 의병장으로 항일 의병 운동에서 큰 활약을 펼쳤다. ──── (　　)

(4) 일본은 헤이그 특사 파견을 구실로 고종을 황제의 자리에서 물러나게 하고, 대한 제국의 군대도 해산했다. ────────── (　　)

3 일제의 국권 침탈에 맞서 다음 인물이 한 일로 알맞은 것을 고르세요. ( )

안중근

① 을사늑약 체결을 주도했다.

② 항일 의병 운동을 탄압했다.

③ 고종에게 특사로 임명되어 만국 평화 회의에 파견되었다.

④ 국권 침탈에 앞장선 이를 직접 처단하는 의거 활동을 했다.

⑤ 대성 학교와 회사를 세워 일제에 대항할 실력을 기르려고 노력했다.

4 이 글과 <보기>를 읽고, 을사늑약에 대한 설명으로 알맞은 것을 고르세요. ( )

─── 〈보기〉 ───

(가) 을사늑약의 주요 내용

– 제2조 대한 제국 정부는 일본 정부를 통하지 않고는 외국과 조약을 맺지 못한다.

– 제4조 일본 정부는 대한 제국의 외교에 관한 모든 사무를 지휘하고 감독한다.

- 『조선왕조실록』

(나) 을사늑약을 풍자한 '한일협약도'

'한일협약도'는 1905년 을사늑약 체결 당시 상황을 풍자하여 그린 그림입니다. '왜병'이라는 꼬리표를 달고 있는 일본 군인이 칼로 대한 제국 황제를 위협하고 있고, 황제의 앞에는 '오적등'이라 적힌 을사오적이 조약에 서명하고 있습니다. 또 일본의 위협으로 강제로 체결된 조약의 부당함을 알리기 위해 협약(協約: 협상에 의한 조약)이 아닌 '협약(脅約: 위협에 의한 조약)'이라는 글자를 써서 조약의 부당함을 풍자하고 있습니다.

1913년 『신한민보』에 실린
'한일협약도' 풍자화

① 황제의 동의 없이 강제로 체결된 부당한 조약이었다.

② 을사늑약 체결로 일제에 외교권과 국권을 함께 빼앗겼다.

③ 이완용 등의 을사오적은 을사늑약 체결을 거세게 반대했다.

④ 을사늑약의 결과로 다른 나라와 외교 활동을 하는 것이 쉬워졌다.

⑤ 헤이그 특사는 만국 평화 회의에 참석해 을사늑약이 무효임을 국제 사회에 널리 알렸다.

5 다음 구조도의 빈칸에 들어갈 알맞은 어휘를 쓰세요.

일제의 국권 침탈과 우리 민족의 저항

일제의 국권 침탈 과정

을사늑약으로 [ ][ ][ ]을 빼앗김.

↓

을사늑약 무효를 알리고자
고종이 헤이그 특사를 파견함.

↓

고종이 황제에서 강제로 물러나고
대한 제국 군대가 해산됨.

↓

한일 병합 조약으로 국권을 빼앗김.

국권을 지키려는 노력

- [ ][ ] 운동: 전국
곳곳에서 일어나 일제에 저항함.
- 애국 계몽 운동: 애국심을 높이고 민족
의 실력을 길러 나라를 지키고자 함.
- [ ] 활동: 국권 침탈에 앞장선
인물들을 직접 처단함.

6 다음 가상 인터뷰를 보고 헤이그 특사가 파견된 까닭을 쓰세요.

이준, 이상설, 이위종 특사님. 안녕하세요? 이번에 고종 황제의 명령을 받
아 네덜란드 헤이그로 가신다고 들었는데요, 어떤 목적으로 파견되는 건지
궁금합니다.

이준   이상설   이위종

네, 저희는 _____

_____

네덜란드 헤이그에서 열리는 만국 평화 회의에 참석할
예정입니다.

5단원
일제 침략부터
6·25 전쟁까지의
역사

03

일제의 식민 통치에 맞서
우리 민족은 어떤 독립운동을 펼쳤을까요?

정답과 해설 29쪽

✦ 개념

▼ 그림으로 중요한 개념을 만나 보세요.

일제의 식민 통치

조선 총독부 설치

조선 총독부를 세워
한국인을 강압적으로 다스림

헌병 경찰제 실시

군인에게 경찰의 임무를 주어
한국인을 감시하고 탄압함

토지 조사 사업 실시

토지 조사 사업을 시행하여
토지세를 걷고 땅을 빼앗음

✦ 어휘

▼ 개념에서 살펴본 어휘를 문장의 빈칸에 써 보세요.

1910년 대한 제국의 국권을 빼앗은 일제는 우리나라를 **식민 통치**했어요.

일제는 [　][　] 를 세워 한국인을 강압적으로 다스렸어요.

일제는 [　][　] 를 실시해 한국인을 감시하고 탄압했어요.

일제는 [　][　][　][　] 을 벌여 토지세를 걷고 땅을 빼앗았어요.

우리 민족은 일제의 강압적인 식민 통치에 맞서
3·1 운동 등 독립운동을 펼치며 국권을 되찾으려 노력했어요.

국권을 되찾으려는 노력

3·1 운동

전 민족이 일어나 만세를 부르며
한국인의 독립 의지를 알림
(1919년)

대한민국 임시 정부 수립

국내외 독립운동을 지휘하고
독립운동의 중심 역할을 함

무장 독립 투쟁

봉오동
청산리
홍범도
김좌진

봉오동, 청산리 등에서
독립군이 총칼을 들고 싸움

우리 민족은 일제의 식민 통치에 맞서 국권을 되찾으려 **독립운동**을 펼쳤어요.

전 민족이 참여한 ☐·☐☐은 우리의 독립 의지를 널리 알렸어요.

☐☐☐☐☐☐☐☐는 국내외의 독립운동을 지휘했어요.

봉오동 전투, 청산리 대첩 등 ☐☐☐☐☐☐도 계속됐어요.

일제의 식민 통치에 맞서 우리 민족은 어떤 독립운동을 펼쳤을까요?

▼ 다음 글을 읽고 물음에 답하세요. (1~6)

핵심 개념

**일제의
식민 통치**

❶ 1910년 대한 제국의 국권을 강제로 **빼앗은** 일제는 식민지 통치 기관인 조선 총독부를 세우고 한국인을 강압적으로 지배했어요. 또한 군인인 헌병에게 경찰의 임무를 하게 한 헌병 경찰제를 실시해 한국인을 감시하고 독립운동을 탄압했어요. 헌병 경찰은 한국인에게만 재판을 거치지 않고 매를 때리는 태형을 내릴 수 있었어요. 일제는 교사와 관리에게도 제복을 입히고 칼을 차게 하여 위압적인 분위기를 만들었어요.

❷ 일제는 토지세를 걷어 식민 통치에 필요한 비용을 마련하고자 토지 조사 사업을 실시했어요. 토지 조사 사업은 토지 주인이 소유한 토지를 정해진 기간 안에 직접 신고하도록 했는데, 내야 할 서류가 복잡하여 미처 신고하지 못한 사람도 있었어요. 소유자가 확실하지 않거나 신고되지 않은 땅은 모두 조선 총독부의 차지가 되었어요. 이에 따라 농사지을 땅을 잃은 농민들은 살기가 더 어려워졌어요. 또 우리나라의 토지 소유 상황이 전체적으로 파악되면서 토지를 소유한 일부 한국인의 세금 부담이 늘어났어요.

3·1운동

❸ 일제의 강압적인 식민 통치가 계속되면서 독립에 대한 한국인의 열망은 더욱 높아졌어요. 이 무렵에는 우리나라뿐 아니라 세계 곳곳에 강대국의 식민지가 된 나라가 많았는데, 미국의 대통령이 "민족의 문제는 그 민족 스스로 결정해야 한다."라는 주장을 펼쳤어요. 여기에 영향을 받은 우리 민족은 만세 시위를 벌여 독립 의지를 세계에 알리기로 했어요. 1919년 3월 1일, 민족 대표들은 서울의 태화관에 모여 독립 선언서를 낭독했어요. 같은 시각에 학생과 시민들은 탑골 공원에서 독립 선언서를 낭독하고 만세 시위를 벌였어요. 3·1 운동은 전국으로 퍼져 나가며 학생, 선비, 농민 등 다양한 계층이 참여한 민족 운동으로 발전했어요. 일제는 경찰과 군대를 동원해 평화적인 만세 시위를 폭력적으로 진압했지만, 만세 시위는 수개월 동안 이어졌어요.

**대한민국
임시 정부**

❹ 3·1 운동 이후, 우리 민족의 힘을 하나로 모으고 조직적인 독립운동을 펼치기 위해 중국 상하이에 대한민국 임시 정부를 세웠어요. 대한민국 임시 정부는 비밀 연락망을 만들어 독립군을 지휘하고, 독립운동을 위한 자금을 모았어요. 또 신문을 펴내 국내외 소식을 알리고, 적극적인 외교 활동을 펼치며 독립운동의 중심 역할을 했어요.

**무장 독립
투쟁**

❺ 일제의 탄압을 피해 나라 밖에서도 독립운동이 펼쳐졌어요. 일부 독립운동가들은 만주와 연해주에서 독립군 부대를 조직하여 무장 독립 투쟁을 하였어요. 일본군은 만주까지 와서 독립군을 공격하였으나, 홍범도와 김좌진 등이 독립군을 이끌고 봉오동과 청산리 일대에서 일본군을 크게 물리쳤어요.

낱말 풀이

• **식민지** 주권을 잃어 정치적·경제적으로 다른 나라에 속하게 된 나라.

1 문단별 중심 문장의 빈칸에 들어갈 알맞은 핵심 어휘를 찾아 √표 하세요.

일제의 식민 통치에 맞서 우리 민족은 어떤 독립운동을 펼쳤을까요?

❶문단 일제는 (　　　)를 세우고 헌병 경찰제를 실시하여 한국인을 강압적으로 지배했다.
- ☐ 조선 총독부
- ☐ 대한민국 임시 정부

❷문단 일제는 (　　　)을/를 실시해 많은 토지세를 걷거나 땅을 빼앗았다.
- ☐ 헌병 경찰제
- ☐ 토지 조사 사업

❸문단 우리 민족은 전 민족이 참여한 대규모 만세 시위인 (　　　)을 벌여 독립 의지를 전 세계에 알렸다.
- ☐ 3·1 운동
- ☐ 외교 활동

❹문단 3·1 운동 이후 중국 상하이에 (　　　)가 수립되어 독립운동의 중심 역할을 했다.
- ☐ 조선 총독부
- ☐ 대한민국 임시 정부

❺문단 나라 밖에서는 봉오동과 청산리 일대에서 (　　　)이/가 이어졌다.
- ☐ 만세 시위
- ☐ 무장 독립 투쟁

2 이 글을 읽고 알 수 있는 내용으로 알맞은 것에는 ○표, 알맞지 않은 것에는 ✕표 하세요.

(1) 일제는 헌병에게 경찰의 임무를 맡겨 한국인을 감시하게 했다. ⋯⋯⋯⋯ (　　　)

(2) 3·1 운동은 전국적으로 다양한 계층이 참여한 평화적인 민족 운동이었다. ⋯⋯ (　　　)

(3) 대한민국 임시 정부는 비밀 연락망을 통해 독립군을 지휘하고 독립운동
자금을 모았다. ⋯⋯⋯⋯⋯⋯ (　　　)

(4) 홍범도와 김좌진 등이 이끈 독립군은 봉오동에서 일본군에 패했지만,
청산리에서는 일본군에 크게 승리했다. ⋯⋯⋯⋯⋯ (　　　)

3 3·1 운동에 대한 설명으로 알맞은 것을 고르세요. ( )

① 3월 1일 하루 동안 전국적으로 일어났다.

② 대한민국 임시 정부가 주도한 만세 운동이다.

③ 학생과 시민들은 무장을 하고 만세 시위를 벌였다.

④ 우리 민족의 독립 의지를 세계에 알리기 위해 벌인 운동이다.

⑤ 민족 대표들은 중국 상하이에서, 학생과 시민들은 탑골 공원에서 독립 선언서를 낭독했다.

4 이 글과 <보기>를 읽고, 토지 조사 사업에 대한 설명으로 알맞은 것을 고르세요. ( )

───── 〈보기〉 ─────

농민1: 다들 토지 신고는 했소? 신고를 해야 토지 소유권을 인정해 준다고 하던데?

농민2: 흥, 일제가 하는 일인데 순순히 따를 수는 없지. 난 신고하지 않았소.

농민3: 나는 신고하긴 했는데, 갑자기 토지세가 몇 배로 늘었다네.

농민4: 이미 신고 기간이 지났다며 땅을 빼앗던데? 조상 대대로 지어 온 땅인데 이럴
수가 있나? 우리에게서 빼앗은 땅을 일본인에게 싼값에 되판다더군.

농민5: 제출할 서류도 복잡하고 방법이 까다로워서 못 하겠던데. 나처럼 어려워서 못
하고 땅을 빼앗긴 사람들도 많다고 들었소.

농민6: 나는 가진 땅이 없어서 땅을 빌려서 농사를 짓고 있었는데, 이제는 비싼 사용료
를 내고 빌려야 한다더군. 하루아침에 농사를 지을 수 없게 되다니…….

① 토지 조사 사업으로 우리나라의 쌀 생산량이 늘어났다.

② 토지 조사 사업의 결과 농민들은 농사지을 땅을 잃기도 했다.

③ 일제는 토지 조사 사업을 벌여 주인이 없는 땅을 농민에게 나눠 주었다.

④ 일제는 농민들의 세금 부담을 줄여 주기 위해 토지 조사 사업을 실시했다.

⑤ 신고 방법과 제출할 서류가 간단해서 누구나 토지 소유권을 쉽게 인정받았다.

5 다음 구조도의 빈칸에 들어갈 알맞은 어휘를 쓰세요.

> **식민 통치와 독립운동**

일제의 식민 통치	국권을 되찾으려는 노력
– ☐☐☐☐☐☐: 식민 통치를 위한 기구를 세워 강압적으로 지배함. – 헌병 경찰제: 경찰의 임무를 맡은 군인이 한국인을 감시함. – ☐☐☐☐☐: 더 많은 토지세를 걷어 경제적으로 약탈함.	– 3·1 운동: 전국에서 다양한 계층이 참여한 만세 시위로, 민족의 독립 의지를 널리 알림. – 대한민국 임시 정부 수립: 독립운동의 중심 역할을 함. – ☐☐☐☐☐: 홍범도와 김좌진 등이 독립군을 이끌고 일본군을 물리침.

6 다음 조사 보고서의 밑줄 친 부분에 들어갈 대한민국 임시 정부의 활동을 쓰세요.

> **조사 주제: 대한민국 임시 정부의 수립과 활동**
>
> – 수립 시기: 1919년 (3·1 운동 이후)
>
> – 장소: 중국 상하이
>
> – 목적: 독립운동을 체계적으로 이끌어 가기 위해서
>
> – 활동:
>
>
>
>   1. _____
>
>   2. 독립운동을 위한 자금을 모았다.
>
>   3. 신문을 발행해서 국내외 소식을 알렸다.
>
>   4. 적극적인 외교 활동을 펼치며 독립운동의 중심 역할을 했다.

5단원
일제 침략부터
6·25 전쟁까지의
역사

04 일제의 민족 말살 통치에 맞서
어떻게 민족정신을 지켜냈을까요?

정답과 해설 30쪽

✦ **개념**

▼ 그림으로 중요한 개념을 만나 보세요.

일제의 민족 말살 통치

우리말 사용 금지

우리말 대신
일본어만 쓰게 함

일본식 성명 강요

일본식 성과 이름으로
바꾸게 함

신사 참배 강요

일본의 신을 모시는
신사에 강제로 절하게 함

강제 동원

일제가 벌인 침략 전쟁에
한국인을 강제로 끌고 감

✦ **어휘**

▼ 개념에서 살펴본 어휘를 문장의 빈칸에 써 보세요.

1930년대 일제는 **민족 말살 통치**로 민족정신을 없애려 했어요.

일제는 우리말 사용을 금지하고 ☐☐☐를 쓰게 했어요.

일제는 일본식 성과 이름으로 바꾸게 하고 ☐☐ **참배**를 강요했어요.

일제는 침략 전쟁에 한국인을 ☐☐☐☐했어요.

우리 민족은 일제의 민족 말살 통치에 맞서
우리 민족정신을 지키며 나라를 되찾으려 노력했어요.

민족정신을 지키려는 노력

| 한글 연구 | 역사 연구 | 항일 문학 활동 |

조선어 학회는
한글을 연구하고 보급함

신채호는 우리 역사를
알리는 책을 펴냄

문학가들은 저항 정신이 담긴
항일 문학 작품을 지음

우리 민족은 민족 말살 통치에 맞서 **민족정신**을 지키려고 노력했어요.

조선어 학회는 ⬚⬚ 을 연구하고 알려 우리말을 지키려 했어요.

신채호는 ⬚⬚ 를 연구하고 책을 펴내 민족의 자부심을 높이려 했어요.

한용운, 이육사 등은 저항 정신이 담긴 ⬚⬚ ⬚⬚ 작품을 지었어요.

일제의 민족 말살 통치에 맞서 어떻게 민족정신을 지켜냈을까요?

▼ 다음 글을 읽고 물음에 답하세요. (1~6)

핵심 개념

일제의
민족 말살 통치

❶ 1930년대 후반에 일제는 침략 전쟁을 확대해 나갔어요. 일제는 전쟁에 한국인을 쉽게 동원하기 위해서 한국인의 민족정신을 없애려는 민족 말살 통치를 실시했어요. 이에 일제는 '일본과 조선이 하나'라고 하면서 한국인을 일본인으로 만들려고 했어요. 일제는 한국인의 성과 이름을 일본식으로 바꾸게 하고, 이를 거부하는 사람에게는 불이익을 주었어요. 학교에서는 모든 수업을 일본어로 진행했고 우리 역사 교육도 금지했어요. 또, 일본의 신을 모시는 신사를 전국 곳곳에 세워 한국인에게 신사 참배를 강요했어요.

❷ 또한 일제는 한국인을 침략 전쟁에 강제로 동원했어요. 전쟁터뿐 아니라 탄광, 무기 공장에 끌고 가 힘든 일을 하게 했어요. 많은 사람이 전쟁터 등에서 목숨을 잃었고, 일부 여성들은 일본군 '위안부'로 끌려가 고통을 당했어요. 그뿐만 아니라 전쟁에 필요한 물자를 확보하기 위해 한국인의 식량은 물론, 금속으로 된 밥그릇과 숟가락까지 빼앗아 무기를 만드는 데 사용했어요.

민족정신을
지키려는 노력

❸ 이처럼 일제는 민족 말살 통치로 우리의 민족정신을 없애려고 했지만, 독립운동가들은 우리의 민족정신을 지키기 위해 노력했어요. 조선어 학회는 한글을 연구하고 널리 보급하기 위해 힘썼어요. 「한글 맞춤법 통일안」을 발표하고, 국어사전을 펴내는 작업을 하는 등 우리말과 우리글을 지키기 위해 노력했어요. 신채호는 일제가 우리 역사를 왜곡하자 이를 바로 잡기 위해 우리 역사를 연구했어요. 그리고 우리 역사를 알리는 책을 펴내 우리 민족의 우수성을 알리고, 애국심과 자부심을 높이려 했어요. 한편 한용운, 이육사 등 문학가들은 일제에 대한 저항 정신이 담긴 항일 문학 작품을 지어 독립 의지를 드러냈어요.

나라를
되찾으려는
다양한 노력

❹ 독립운동가들은 민족정신을 지키고 나라를 되찾기 위해 다양한 노력을 기울였어요. 김구는 한인 애국단을 조직해 의거 활동을 벌였어요. 한인 애국단의 단원이었던 이봉창은 일본으로 건너가 일본 왕의 마차에 폭탄을 던졌고, 윤봉길은 상하이에서 열린 일본 왕의 생일 기념식에 폭탄을 던져 일본군에 큰 피해를 입혔어요. 이후에 대한민국 임시 정부는 여러 지역의 독립군을 모아 정식 군대인 한국광복군을 조직해 일제와 전쟁을 벌일 준비를 했지만, 일본이 연합군에 항복하면서 작전이 실현되지는 못했어요.

낱말 풀이

• **동원** 전쟁 등에 대처할 수 있도록 병력과 물자를 모으는 등의 일.
• **참배** 무덤, 기념비 등의 앞에서 절함.
• **탄광** 석탄을 캐내는 광산.
• **일본군 '위안부'** 일본군과 일본 정부에 의해 전쟁터에 강제로 끌려가 성폭력과 인권 침해를 당한 여성을 가리킴.

1 문단별 중심 문장의 빈칸에 들어갈 알맞은 핵심 어휘를 찾아 √표 하세요.

> 일제의 민족 말살 통치에 맞서 어떻게 민족정신을 지켜냈을까요?

❶문단 일제는 한국인의 민족정신을 없애는 (　　　)을/를 실시했다.

☐ 침략 전쟁
☐ 민족 말살 통치

❷문단 일제는 한국인을 (　　　)에 동원하고 전쟁에 필요한 물자를 빼앗아 갔다.

☐ 의거 활동
☐ 침략 전쟁

❸문단 독립운동가들은 (　　　)을 지키기 위해 노력했다.

☐ 민족정신
☐ 역사 왜곡

❹문단 독립운동가들은 한인 애국단, (　　　) 등을 조직하는 등 나라를 되찾기 위한 다양한 노력을 기울였다.

☐ 연합군
☐ 한국광복군

2 이 글을 읽고 알 수 있는 내용으로 알맞은 것에는 ○표, 알맞지 않은 것에는 ✕표 하세요.

(1) 일제는 모든 학교 수업을 일본어로 진행하게 했다. ────────── (　　　)

(2) 한국 여성은 전쟁터에 일본군 '위안부'로 끌려가기도 했다. ────── (　　　)

(3) 한인 애국단은 한글을 연구하고 「한글 맞춤법 통일안」을 발표했다. ───── (　　　)

(4) 대한민국 임시 정부는 여러 지역의 독립군을 모아 한국광복군을 만들었다. ──────────────────────────────── (　　　)

자세히
읽기

3 다음 중 독립운동가와 한 일을 알맞게 연결한 것을 고르세요. （　　　）

① 김구: 일제에 대한 저항 의지가 담긴 문학 작품을 지었다.

② 신채호: 일본 왕의 마차에 폭탄을 던지는 의거를 일으켰다.

③ 이육사: 우리 역사를 연구하고 우리 역사를 알리는 책을 펴냈다.

④ 한용운: 우리말과 글을 연구하고 「한글 맞춤법 통일안」을 발표했다.

⑤ 윤봉길: 일본 왕의 생일 기념식에 폭탄을 던져 일본군에 큰 피해를 입혔다.

깊이
읽기

4 이 글과 <보기>를 읽고 알 수 있는 내용으로 알맞지 않은 것을 고르세요. （　　　）

――― 〈보기〉 ―――

(가) 일제는 1937년 중일 전쟁을 일으킨 후 '황국 신민 서사'를 발표해 한국인에게 외우게 했습니다. 황국 신민 서사는 일본 제국(황국) 백성(신민)의 맹세문이라는 뜻입니다.

〈황국 신민 서사〉
1. 우리는 대일본 제국의 신민입니다.
2. 우리는 마음을 합해 천황 폐하께 충의를 다합니다.
3. 우리는 괴로움을 참고 몸과 마음을 굳세게 하여 훌륭하고 강한 국민이 되겠습니다.

일제가 수첩처럼 만들어 배포한
'황국 신민 서사'

(나) 일제는 1938년 '국가 총동원법'을 만들어 본격적으로 한국인과 각종 물자를 수탈하였습니다. 수많은 한국인들을 전쟁터로 내몰았고, 일본, 중국, 사할린 등으로 끌고 가 무기 공장이나 탄광에서 일을 시켰습니다. 전쟁 막바지에는 어린 학생까지 끌고 가 모진 고통을 겪게 했습니다.

수많은 한국인이 끌려가 일했던
군함도

① 일제는 한국인을 일본 천황에 충성하고 일본 신에게 참배하도록 했다.

② 일제는 한국인을 수탈하여 전쟁에 필요한 인력과 물자를 확보하려 했다.

③ 일제는 한국인에게 황국 신민 서사를 외우게 하여 민족정신을 잃지 않도록 하였다.

④ 민족 말살 통치는 일제가 벌인 침략 전쟁에 한국인을 동원하려는 의도로 실시되었다.

⑤ 일제는 한국인을 전쟁터뿐 아니라 무기 공장, 탄광 등에 끌고 가 궂은 환경에서 일하게 했다.

다음 구조도의 빈칸에 들어갈 알맞은 어휘를 쓰세요.

민족 말살 통치와 독립운동

일제의 민족 말살 통치

- ☐☐☐☐ 성과 이름으로 바꾸게 함.
- 학교에서 우리말 수업과 우리 역사 교육을 금지함.
- ☐☐☐ 를 강요함.
- 침략 전쟁에 강제로 동원함.

민족정신을 지키려는 노력

- ☐☐☐☐☐ : 한글을 연구하고 널리 보급함.
- 신채호: 우리 역사를 연구함.
- 한용운, 이육사: 저항 정신이 담긴 항일 문학 작품을 지음.

나라를 되찾으려는 노력

- 이봉창, 윤봉길 등의 의거 활동
- 한국광복군 조직

다음 시를 지은 사람이 우리 민족정신을 지키기 위해 한 일을 <조건>에 맞게 쓰세요.

광야

이육사

지금 눈 내리고
매화 향기 홀로 아득하니
내 여기 가난한 노래의 씨를 뿌려라.

─────────────────────

이 시에서 '눈'은 일제 강점기의 가혹한 현실을, '가난한 노래의 씨'는 조국 광복을 위한 시인의 희생을 뜻합니다.

─〈조건〉─
1. 시인의 이름과 업적이 모두 들어가도록 쓰세요.
2. 한 문장으로 쓰세요.

- - - - - - - - - - - - - - - -

- - - - - - - - - - - - - - - -

- - - - - - - - - - - - - - - -

05 광복 이후 대한민국 정부는 어떤 과정을 거쳐 세워졌을까요?

정답과 해설 31쪽

✦ 개념

▼ 그림으로 중요한 개념을 만나 보세요.

광복 이후 상황

8·15 광복

일제의 식민 통치에서
벗어나 독립함
(1945년 8월 15일)

▶

미군·소련군 주둔

38도선 남쪽에 미군이,
북쪽에 소련군이 주둔함

▶

신탁 통치 결정

모스크바 3국 외상 회의에서
한반도 신탁 통치가 결정됨

→ 신탁 통치: 어떤 나라가 다른 나라를
일정 기간 대신 통치하는 제도

▶

미소 공동 위원회

임시 정부 구성 문제
합의에 실패해
국제 연합에 넘김

✦ 어휘

▼ 개념에서 살펴본 어휘를 문장의 빈칸에 써 보세요.

1945년 8월 15일에 우리 민족은 마침내 일제로부터 독립하여 [ ] 을 맞았어요.

그런데 곧 38도선의 남쪽에 [ ] 이, 북쪽에 소련군이 들어와 주둔했어요.

모스크바 3국 외상 회의에서 한반도 [ ] 를 결정했어요.

[ ] **위원회**의 합의 실패로 한반도 문제는 국제 연합에 넘어갔어요.

광복 후 통일 정부를 세우기 위해 노력했지만
결국 남과 북으로 나뉜 채 대한민국 정부가 세워졌어요.

대한민국 정부 수립 과정

5·10 총선거

남한에서만 따로 국회 의원을
뽑는 총선거를 시행함
(1948년 5월 10일)

제헌 국회 구성

국회 의원들이
제헌 헌법을 만듦

대한민국 정부 수립

이승만을 초대 대통령으로
정부를 수립함
(1948년 8월 15일)

국제 연합은 **남북한 총선거**를 결정했지만 소련이 거부했어요.

그래서 1948년 5월 10일 **남한**에서만 따로   를 시행했어요.

뽑힌 국회 의원들은   를 구성하고 제헌 헌법을 만들었어요.

제헌 헌법에 따라 대통령을 뽑고   를 수립했어요.

광복 이후 대한민국 정부는 어떤 과정을 거쳐 세워졌을까요?

▼ 다음 글을 읽고 물음에 답하세요. (1~6)

핵심 개념

8·15 광복

❶ 1945년 8월 15일, 우리 민족은 일제의 식민 통치에서 벗어나 마침내 광복을 맞았어요. 광복은 미국 등과 전쟁을 벌이던 일본이 항복을 선언했기 때문이기도 하지만 우리 민족이 끈질기게 독립운동을 전개한 결과이기도 해요. 광복 이후 이승만, 김구 등 나라 밖에서 활동하던 독립운동가들도 국내로 돌아와 앞으로의 일을 고민했어요.

광복 이후의 상황

❷ 당시 세계는 미국과 소련을 중심으로 세력이 나뉘어 대립했어요. 미국과 소련은 남아 있는 일본군을 몰아낸다는 이유로 한반도에 들어와 38도선을 기준으로 남쪽에는 미군이, 북쪽에는 소련군이 주둔했어요. 그 뒤 모스크바 3국 외상 회의가 열려 미국, 영국, 소련의 대표들이 한반도 문제를 의논했어요. 그 결과, 한반도에 민주적인 임시 정부를 수립하기로 결정했어요. 또 이를 준비하기 위해 미국과 소련 대표로 구성된 미소 공동 위원회를 설치하고, 정부가 수립될 때까지 최대 5년간 신탁 통치를 실시하기로 결정했어요. 신탁 통치란 스스로 다스릴 능력이 없는 나라를 대신해 다른 나라가 일정 기간 동안 대신 통치하는 제도를 말해요. 소식이 국내에 전해지자, 신탁 통치에 반대하는 사람들과 찬성하는 사람들로 나뉘어 갈등이 일어났어요.

❸ 이러한 가운데 임시 정부 수립을 논의하기 위해 미소 공동 위원회가 두 차례 열렸어요. 하지만 미국과 소련은 의견이 서로 달라 결국 합의를 이루지 못했어요. 그러자 미국은 한반도 문제를 국제 연합에 넘겼어요. 국제 연합은 남북한 총선거를 치러 한반도에 통일 정부를 세우기로 결정하고 선거를 관리할 위원단을 한반도로 보냈어요. 그런데 북한과 소련은 남북한 총선거를 반대하며, 위원단이 북한에 오지 못하도록 막았어요. 결국 국제 연합은 선거가 가능한 남한에서만 총선거를 하기로 결정했어요.

대한민국 정부 수립

❹ 1948년 5월 10일, 국회 의원을 뽑기 위한 총선거가 실시되었어요. 5·10 총선거는 우리나라 최초의 민주 선거로, 여기서 뽑힌 국회 의원들로 제헌 국회가 구성되었어요. 제헌 국회는 우리나라 이름을 '대한민국'으로 정하고, 제헌 헌법을 만들어 7월 17일에 선포했어요. 이후 제헌 헌법에 따라 국회는 이승만을 초대 대통령으로 뽑았고, 8월 15일에 대한민국 정부가 수립되었어요. 한편 북한에서도 1948년 9월에 조선 민주주의 인민 공화국이라는 이름으로 정권이 세워지며 한반도는 남북으로 나뉘게 되었어요.

낱말 풀이

- **주둔** 군대가 어떤 임무를 수행하기 위해 얼마 동안 일정한 곳에 머무르는 것.
- **외상** 나라의 외교를 담당하는 부서의 우두머리.
- **국제 연합** 세계 평화를 유지하고 국제 협력을 달성하기 위해 만든 국제기구.
- **제헌 국회** 헌법을 만든 국회.

1 문단별 중심 문장의 빈칸에 들어갈 알맞은 핵심 어휘를 찾아 √표 하세요.

> **광복 이후 대한민국 정부는 어떤 과정을 거쳐 세워졌을까요?**

❶문단 1945년 8월 15일에 우리나라는 (   )을 맞았다.

- ☐ 광복
- ☐ 항복

❷문단 모스크바 3국 외상 회의에서 한반도에 (   )를 실시하기로 결정했다.

- ☐ 식민 통치
- ☐ 신탁 통치

❸문단 국제 연합은 (   )에서만 총선거를 하기로 결정했다.

- ☐ 남한
- ☐ 북한

❹문단 5·10 총선거로 제헌 국회를 구성해 헌법을 선포하고 (   )을/를 수립했다.

- ☐ 대한민국 정부
- ☐ 조선 민주주의 인민 공화국

2 이 글을 읽고 알 수 있는 내용으로 알맞은 것에는 ○표, 알맞지 않은 것에는 ✕표 하세요.

(1) 미소 공동 위원회에서 한반도 임시 정부 수립에 대한 합의가 이루어졌다. ┈ (   )

(2) 광복 이후 38도선을 기준으로 남쪽과 북쪽에 각각 미군과 소련군이
들어왔다. ┈┈┈┈┈┈┈┈┈┈┈┈┈┈┈┈┈┈┈┈┈┈┈┈┈┈ (   )

(3) 국내에서는 신탁 통치에 반대하는 사람들과 찬성하는 사람들이 나뉘어
갈등했다. ┈┈┈┈┈┈┈┈┈┈┈┈┈┈┈┈┈┈┈┈┈┈┈┈┈ (   )

(4) 1948년 5월 10일에 국회 의원을 뽑기 위한 총선거를 남북한에서 동시에
실시했다. ┈┈┈┈┈┈┈┈┈┈┈┈┈┈┈┈┈┈┈┈┈┈┈┈┈ (   )

3 대한민국 정부 수립 과정을 순서대로 나열한 것으로 알맞은 것을 고르세요. (　　)

ㄱ 총선거를 실시했다.
ㄴ 제헌 국회를 구성했다.
ㄷ 이승만을 대통령으로 선출했다.
ㄹ 제헌 헌법을 제정하고 선포했다.
ㅁ 대한민국 정부가 수립되었음을 선포했다.

① ㄱ → ㄴ → ㄷ → ㅁ → ㄹ
② ㄱ → ㄴ → ㄹ → ㄷ → ㅁ
③ ㄷ → ㅁ → ㄹ → ㄱ → ㄴ
④ ㅁ → ㄱ → ㄷ → ㄴ → ㄹ
⑤ ㅁ → ㄹ → ㄴ → ㄱ → ㄷ

4 이 글과 <보기>를 읽고, 신탁 통치에 대한 내용으로 알맞지 <u>않은</u> 것을 고르세요. (　　)

〈보기〉

(가) 신탁 통치 결정에 반대하는 주장

　다른 나라가 우리 민족을 다스리는 신탁 통치를 반대합니다. 신탁 통치를 받아들이는 것은 다시 식민 지배를 받는 것과 다를 것이 없습니다. 우리는 스스로 나라를 다스릴 능력이 있으며, 우리 힘으로 정부를 세워야 합니다.

신탁 통치 반대 전단
'살아서 노예가 되느니보다 죽어서 조국을 방호하라.'고 적혀 있다.

(나) 신탁 통치 결정에 찬성하는 주장

　모스크바 3국 외상 회의의 결정을 지지합니다. 민주적인 임시 정부를 수립하는 것이 무엇보다 중요합니다. 회의 내용에 찬성해야 더 빨리 임시 정부를 세울 수 있습니다.

신탁 통치 지지 전단
'조선 완전 독립의 빠른 길은 삼상 회의 결의의 지지에 있다.'고 적혀 있다.

① 모스크바 3국 외상 회의에서 한반도 신탁 통치가 결정됐다.
② 한반도에 정부가 수립될 때까지 정해진 기한 없이 신탁 통치를 실시하기로 했다.
③ 우리나라는 신탁 통치에 반대하는 사람들과 찬성하는 사람들로 나뉘어 대립했다.
④ 신탁 통치를 반대하는 사람들은 신탁 통치가 식민 지배와 다를 바 없다고 생각했다.
⑤ 신탁 통치를 지지하는 사람들은 임시 정부를 수립하는 일이 무엇보다 중요하다고 생각했다.

다음 구조도의 빈칸에 들어갈 알맞은 어휘를 쓰세요.

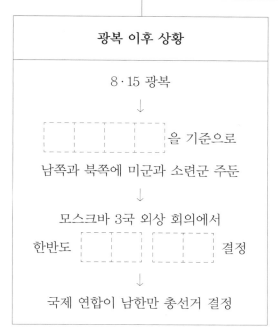
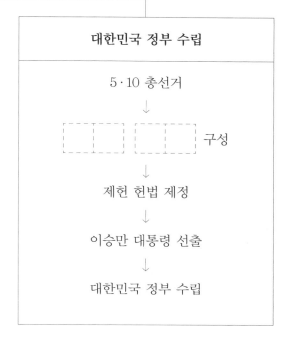

대한민국 정부 수립 과정

광복 이후 상황	대한민국 정부 수립

광복 이후 상황

8·15 광복
↓
[   ]을 기준으로
남쪽과 북쪽에 미군과 소련군 주둔
↓
모스크바 3국 외상 회의에서
한반도 [   ] 결정
↓
국제 연합이 남한만 총선거 결정

대한민국 정부 수립

5·10 총선거
↓
[   ] 구성
↓
제헌 헌법 제정
↓
이승만 대통령 선출
↓
대한민국 정부 수립

남한에서만 총선거가 이루어진 까닭을 조건에 맞게 쓰세요.

─── 〈조건〉 ───

1. 주어진 낱말을 모두 넣어 쓰세요. (북한, 소련, 위원단, 총선거)
2. 한 문장으로 쓰세요.

국제 연합은 남북한 총선거를 통해 통일 정부를 수립할 것
을 결정하고, 이를 위해 선거를 관리할 위원단을 보냈습니다.

그러나 _____

_____

결국 국제 연합은 남한에서만 총선거를 하기로 결정했고, 이
에 따라 남한은 5·10 총선거를 실시했습니다.

06 6·25 전쟁은 어떻게 전개되었을까요?

정답과 해설 32쪽

✦ 개념

▼ 그림으로 중요한 개념을 만나 보세요.

6·25 전쟁의 전개

북한군의 남침

북한군의 기습 침략으로
전쟁이 시작됨
(1950년)

▶

인천 상륙 작전

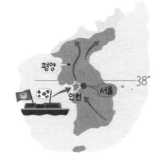

국군과 국제 연합군이
서울을 되찾고 반격함

▶

중국군의 개입

국군과 국제 연합군이
다시 후퇴함

▶

정전 협정과 휴전

전쟁을 중단하기로
협정을 맺고 휴전함
(1953년)

✦ 어휘

▼ 개념에서 살펴본 어휘를 문장의 빈칸에 써 보세요.

1950년 6월 25일, ☐☐☐ 이 남한을 침략해 낙동강까지 내려왔어요.

국군과 국제 연합군은 ☐☐☐☐☐ 으로 서울을 되찾았어요.

☐☐☐ 이 북한군을 도와 개입하면서 국군과 국제 연합군은 다시 후퇴했어요.

밀고 밀리는 전투 끝에 1953년 ☐☐☐ 을 맺고 전쟁이 중단됐어요.

북한군이 남한을 침략하면서 6·25 전쟁이 시작되었고
전쟁은 남북한 모두에게 큰 피해를 남겼어요.

6·25 전쟁의 피해

국토의 황폐화

국토가 황폐해지고
시설물이 파괴됨

인명 피해

수많은 군인과 민간인이
다치거나 사망함

이산가족과 전쟁고아

수많은 이산가족과
전쟁고아가 생겨남

6 · 25 전쟁은 남한과 북한 모두에게 큰 피해를 남겼어요.

[　　　]가 황폐해졌고, 건물과 도로 등 시설물이 파괴되었어요.

군인은 물론이고 수많은 [　　　]이 다치거나 목숨을 잃었어요.

수많은 [　　　]과 전쟁고아가 생겨났어요.

6·25 전쟁은 어떻게 전개되었을까요?

▼ 다음 글을 읽고 물음에 답하세요. (1~6)

핵심 개념

6·25 전쟁

❶ 남한과 북한에 각각 정부가 들어선 이후, 38도선 부근에서 남북 사이에 충돌이 자주 일어났어요. 이러한 가운데 1950년 6월 25일 새벽, 북한이 한반도를 무력으로 통일하기 위해 남한을 기습적으로 침략하며 6·25 전쟁이 시작되었어요. 북한군은 소련의 지원을 받아 무서운 기세로 밀고 내려왔어요. 국군은 3일 만에 서울을 빼앗기고, 낙동강까지 후퇴했어요.

❷ 6·25 전쟁이 일어나자 국제 연합은 북한의 침략을 비판하면서, 16개국 군대로 구성된 국제 연합군을 남한에 보냈어요. 그해 9월, 국군과 국제 연합군은 인천 상륙 작전에 성공하여 서울을 되찾았어요. 나아가 38도선을 넘어서 압록강까지 진출했어요.

❸ 그러나 중국군이 북한군을 도우려고 전쟁에 개입하면서 상황은 국군과 국제 연합군에게 불리해졌어요. 국군과 국제 연합군은 다시 서울을 빼앗기고 후퇴했어요. 곧 반격해서 다시 서울을 되찾았지만, 그 뒤로 38도선 부근에서 밀고 밀리는 치열한 전투가 오래 이어졌어요.

정전 협정과
휴전

❹ 한편에서는 전쟁을 멈추기 위한 회담이 진행되었어요. 회담은 서로의 입장 차이를 좁히지 못한 채 2년이나 이어졌어요. 오랜 회담 끝에 1953년 7월 정전 협정이 맺어지면서 전쟁이 중단되었고, 당시 남북한이 각각 차지하고 있던 지역을 경계로 휴전선이 놓였어요. 이후 한반도는 남북으로 분단된 채 오늘날까지 휴전 상태로 남아 있어요.

6·25 전쟁의
피해

❺ 3년 동안 이어진 6·25 전쟁으로 남한과 북한은 모두 크나큰 피해를 입었어요. 전쟁으로 군인뿐만 아니라 수많은 민간인이 다치거나 목숨을 잃는 등 인명 피해가 컸어요. 전쟁 중에 가족과 뿔뿔이 헤어져 수많은 이산가족이 생겨났고, 많은 아이들이 부모를 잃고 전쟁고아가 되었어요. 경제적인 피해도 컸어요. 건물, 도로, 철도, 다리 등 주요 시설 대부분이 파괴되었고, 국토는 황폐해졌어요. 많은 사람이 삶의 터전을 잃었으며, 식량과 생필품이 부족해져 생활이 어려워졌어요. 또 많은 문화재가 훼손되거나 불타 없어졌어요. 오늘날에도 6·25 전쟁으로 인한 상처는 아물지 않고 있어요. 전쟁이 남긴 적대감 때문에 남북한은 긴장과 갈등 관계를 이어오고 있으며 분단이 지속되면서 언어와 생활 모습도 점점 달라지고 있어요. 남북한이 평화적으로 통일을 이루는 일이 과제로 남아 있어요.

낱말 풀이

- **기습적** 적이 생각지 않았던 때에 갑자기 들이쳐 공격하는 것.
- **인천 상륙 작전** 1950년 9월 국군과 국제 연합군이 인천에 상륙하여 서울을 되찾고 6·25 전쟁의 전세를 바꾼 군사 작전.
- **정전 협정** 전쟁을 하고 있는 양측이 일시적으로 싸움을 중단하기로 약속하는 협정.
- **민간인** 군인이 아닌 일반 사람.

1 문단별 중심 문장의 빈칸에 들어갈 알맞은 핵심 어휘를 찾아 √표 하세요.

6·25 전쟁은 어떻게 전개되었을까요?

①문단 1950년 6월 25일에 (   )이 남한을 기습적으로 침략하며 6·25 전쟁이 시작되었다.

☐ 북한
☐ 소련

②문단 국군과 국제 연합군은 (   )에 성공해 서울을 되찾고 압록강까지 진출했다.

☐ 정전 협정
☐ 인천 상륙 작전

③문단 (   )이 북한을 도와 전쟁에 개입하면서 국군과 국제 연합군은 다시 후퇴했다.

☐ 중국군
☐ 국제 연합군

④문단 1953년에 정전 협정이 맺어지면서 6·25 전쟁이 중단되고 (   )이 놓였다.

☐ 휴전선
☐ 38도선

⑤문단 6·25 전쟁으로 인한 (   ) 피해와 경제적 피해가 컸으며, 오늘날에도 상처가 아물지 않고 있다.

☐ 언어
☐ 인명

2 이 글을 읽고 알 수 있는 내용으로 알맞은 것에는 ○표, 알맞지 않은 것에는 ✕표 하세요.

(1) 1950년 6월에 정전 협정이 맺어졌다. ⸺⸺⸺⸺⸺⸺⸺ (   )

(2) 북한은 소련의 도움을 받아 한반도를 무력으로 통일하려 했다. ⸺⸺ (   )

(3) 인천 상륙 작전이 실패하면서 국군과 국제 연합군이 불리해졌다. ⸺⸺ (   )

(4) 3년 동안 이어진 6·25 전쟁으로 남한은 큰 피해를 입었지만, 북한은 피해를 입지 않았다. ⸺⸺⸺⸺⸺⸺⸺⸺⸺⸺ (   )

3 다음 지도를 보고, 6·25 전쟁의 전개 과정을 순서대로 알맞게 나열한 것을 고르세요. (　　)

(가)

인천 상륙 작전

(나)

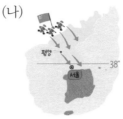

중국군의 개입

(다)

정전 협정 체결

(라)

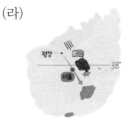

북한군의 남침

① (다) → (가) → (라) → (나)　　　② (다) → (라) → (나) → (가)

③ (라) → (가) → (나) → (다)　　　④ (라) → (나) → (가) → (다)

⑤ (라) → (나) → (다) → (가)

4 이 글과 <보기>를 읽고, 이산가족에 대한 설명으로 알맞지 <u>않은</u> 것을 고르세요. (　　)

─── 〈보기〉 ───

이산가족 상봉 노력, 계속되어야 한다!

　1983년에 한 TV 프로그램에서 이산가족 찾기 특별 생방송이 방영되었습니다. 무려 10만 건이 넘는 출연 신청이 이어지면서, 하루 동안 진행될 예정이었던 생방송은 138일 동안 계속되었습니다. 이 방송을 통해 1만여 건의 이산가족 상봉이 이루어졌습니다.

　1985년에는 남북 적십자 회담이 이루어져 남북한의 이산가족이 처음으로 만날 수 있었습니다. 이산가족을 찾기 위한 노력은 계속되어 2018년까지 21차례 이루어졌습니다. 2023년에도 이산가족 상봉 신청자는 13만 명이 넘었습니다. 그러나 이 중 생존자는 4만여 명밖에 되지 않고, 생존자의 평균 연령도 점점 높아져 84세 정도가 되었습니다. 이에 따라 이산가족이 상봉할 가능성은 갈수록 줄어들고 있습니다.

① 6·25 전쟁으로 인해 많은 이산가족이 생겨났다.

② 2023년에도 이산가족을 찾으려는 신청자가 13만 명이 넘었다.

③ 6·25 전쟁으로 생겨난 이산가족을 찾기 위한 방송을 하기도 했다.

④ 이산가족의 고령화로 이산가족이 서로 만날 가능성이 갈수록 줄어들고 있다.

⑤ 남북한은 6·25 전쟁으로 생긴 적대감 때문에 전쟁 이후 전혀 교류하지 않았다.

5 다음 구조도의 빈칸에 들어갈 알맞은 어휘를 쓰세요.

6·25 전쟁

6·25 전쟁의 전개

북한이 남한을 침략함.

↓

국군과 ⬚⬚ ⬚⬚⬚ 이
인천 상륙 작전에 성공함.

↓

⬚⬚ 이 북한을 도와
전쟁에 개입함.

↓

정전 협정을 맺고 휴전함.

6·25 전쟁의 피해

- 수많은 군인과 민간인이 다치거나 목숨을 잃음.
- 이산가족이 생겨남.
- 부모를 잃은 ⬚⬚⬚ 가 생김.
- 시설이 파괴되고 국토가 황폐해짐.
- 많은 문화재가 훼손되거나 사라짐.

6 다음 그래프를 보고 알 수 있는 6·25 전쟁으로 인한 피해를 쓰세요.

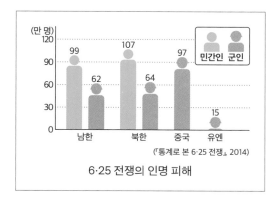

6·25 전쟁의 인명 피해

(『통계로 본 6·25 전쟁』, 2014)

〈조건〉

1. 주어진 낱말을 모두 활용하여 한 문장으로 쓰세요.

   (6·25 전쟁, 군인, 민간인, 사망)

2. 한 문장으로 쓰세요.

▼ 다음 글을 읽고 물음에 답하세요. (1~3)

(가)   1905년 일제는 강제로 을사늑약을 맺어 대한 제국의 외교권을 빼앗았어요. 고종이 동의하지 않았는데도, 이완용을 비롯한 을사오적이 일제의 편을 들어 을사늑약을 체결했어요. 늑약의 결과로 대한 제국은 독립국의 지위를 잃고, 다른 나라와 외교 활동을 하기 어렵게 되었어요.

고종은 을사늑약이 강제로 체결된 부당한 조약이며, 따라서 무효라는 것을 국제 사회에 알리려고 했어요. 이를 위해 네덜란드의 헤이그에서 열리는 만국 평화 회의에 세 명의 특사를 보냈어요. 하지만 일제의 방해로 헤이그 특사는 회의에 참석하지 못했어요. 오히려 일제는 이 사건을 구실로 고종을 황제의 자리에서 강제로 물러나게 하고, 대한 제국의 군대도 해산했어요.

(나)   1910년 대한 제국의 국권을 강제로 빼앗은 일제는 식민지 통치 기관인 조선 총독부를 세우고 한국인을 강압적으로 지배했어요. 그리고 토지 조사 사업을 벌여 경제적으로도 한국인을 약탈했어요. 토지를 가진 사람은 정해진 날까지 신고를 해야 했는데, 그 결과 토지세를 내는 대상이 크게 늘어났어요. 신고하지 않은 땅은 조선 총독부가 차지했어요. 이 사업으로 인해 한국인은 살기가 더 어려워졌고 일제는 식민 통치에 필요한 자금을 확보할 수 있었어요.

1 (가)~(다)를 바탕으로 다음과 같이 우리나라 토지 소유 상황이 변화한 까닭을 고르세요. (   )

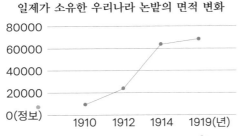

일제가 소유한 우리나라 논밭의 면적 변화

• **정보** 땅 넓이의 단위. 1정보는 약 9,917.4m²(3,000평).

① 을사늑약이 체결되었다.
② 대한 제국 군대가 해산했다.
③ 일제가 토지 조사 사업을 실시했다.
④ 일제가 한국인에게 신사 참배를 강요했다.
⑤ 일제가 한국인의 성과 이름을 일본식으로 바꾸게 했다.

2 (다)를 바탕으로 일제가 한국인에게 (라)를 강제로 외우게 한 까닭을 고르세요.   (   )

① 우리나라의 외교권을 빼앗기 위해서
② 식민 통치에 필요한 자금을 확보하기 위해서
③ 고종이 황제의 자리에서 물러나게 하기 위해서
④ 우리의 민족 문화를 지키고 나라를 되찾기 위해서
⑤ 한국인의 민족정신을 없애 침략 전쟁에 쉽게 동원하기 위해서

(다)　1930년대 후반에 일제는 태평양 전쟁 등에 한국인을 동원하기 위해 한국인의 민족정신을 없애는 민족 말살 통치를 실시했어요. 일제는 '일본과 조선이 하나'라고 하면서 한국인의 성과 이름을 일본식으로 바꾸게 하고, 일본 신을 모시는 신사를 곳곳에 세워 한국인에게 신사 참배를 강요했어요.

(라)

황국 신민 서사

1. 우리는 대일본 제국의 신민입니다.
2. 우리는 마음을 합해 천황 폐하께 충의를 다합니다.
3. 우리는 괴로움을 참고 몸과 마음을 굳세게 하여 훌륭하고 강한 국민이 되겠습니다.

3 <보기>에 나타난 사건이 일어난 시기로 알맞은 것을 고르세요.　　　(　　)

───── 〈보기〉 ─────

시일야방성대곡

　이날 목 놓아 우노라. 세상에 예측하기 어려운 일이 많지만, 천만 뜻밖에 5개 조항의 조약이 맺어졌다. 이 조약을 주도한 이토 히로부미의 본심이 과연 무엇이겠는가?

　우리 황제는 강하게 거절하였으니 이 조약이 무효라는 것은 아마 이토 히로부미 자신도 알고 있을 것이다. 그렇거늘, 아! 짐승만도 못한 우리 정부 대신들이 자기들의 이익만을 바라고 매국노가 되어 이천만 백성을 노예로 만들었다.

1905년 11월 20일 『황성신문』에 실린 장지연의 논설 '시일야방성대곡'

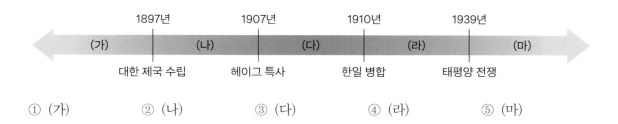

	1897년		1907년		1910년		1939년	
(가)		(나)		(다)		(라)		(마)
	대한 제국 수립		헤이그 특사		한일 병합		태평양 전쟁	

① (가)　　② (나)　　③ (다)　　④ (라)　　⑤ (마)

▼ 문장의 빈칸에 들어갈 알맞은 어휘를 [보기]에서 골라 쓰세요. (1~6)

01 대한 제국 시기에 자주독립을 위해 어떤 노력을 했을까요?　[보기] 대한민국 / 대한 제국 / 독립 협회 / 아관 파천

(1) 고종은 황제로 즉위한 뒤 나라 이름을 (　　　　)(으)로 바꾸고 개혁을 추진했다.

(2) (　　　　)은/는 독립문을 세우고 만민 공동회를 여는 등 자주독립을 위해 힘썼다.

02 일제의 국권 침탈에 맞서 우리 민족은 어떻게 저항했을까요?　[보기] 을사늑약 / 한일 병합 조약 / 항일 의병 운동

(1) 일제는 강제로 (　　　　)을 맺어 대한 제국의 외교권을 빼앗았다.

(2) 을사늑약이 체결되자 전국 곳곳에서 다양한 사람들이 (　　　　)을 일으켰다.

03 일제의 식민 통치에 맞서 우리 민족은 어떤 독립운동을 펼쳤을까요?　[보기] 대한민국 임시 정부 / 독립 협회 / 조선 총독부

(1) 일제는 (　　　　)를 세우고 한국인을 강압적으로 지배했다.

(2) 3·1 운동 이후 중국 상하이에 (　　　　)가 수립되어 독립운동의 중심 역할을 했다.

04 일제의 민족 말살 통치에 맞서 어떻게 민족정신을 지켜냈을까요?　[보기] 민족 말살 통치 / 조선어 학회 / 한인 애국단

(1) 일제는 한국인의 민족정신을 없애는 (　　　　)을/를 실시했다.

(2) 일제의 민족 말살 통치에 맞서 (　　　　)은/는 우리말과 글을 지키고 신채호는 우리 역사를 알리는 등 민족정신을 지키기 위해 다양한 노력을 했다.

05 광복 이후 대한민국 정부는 어떤 과정을 거쳐 세워졌을까요?　[보기] 광복 / 식민 통치 / 신탁 통치 / 총선거

(1) 모스크바 3국 외상 회의에서 한반도에 (　　　　)을/를 실시하기로 결정했다.

(2) 국제 연합은 남한에서만 (　　　　)을/를 하기로 결정했다.

06 6·25 전쟁은 어떻게 전개되었을까요?　[보기] 6·25 전쟁 / 인천 상륙 작전 / 정전 협정

(1) 1950년에 북한이 남한을 기습적으로 침략하며 (　　　　)이 시작되었다.

(2) 국군과 국제 연합군은 (　　　　)에 성공해 서울을 되찾고 압록강까지 진출했다.

왕의 이름은 어떻게 지었을까요?

세종은 왕의 자리에 있을 때 어떤 이름으로 불렸을까요? 오늘날 우리가 부르는 세종이라는 이름은 세종이 죽은 후 붙여진 이름이에요. 왕의 이름은 왕이 죽고 난 후에 생전의 공덕을 기리어 그 다음 왕과 신하들이 붙인 이름(묘호)이지요. 왕의 이름 뒤에는 '조', '종', 혹은 '군'이 붙는데, 이러한 왕의 이름 속에는 업적에 대한 평가가 들어 있답니다.

조, 종, 군 이름에 담긴 비밀

왕의 이름은 왕이 살았을 때 업적을 한 글자로 표현한 후 뒤에 '조'나 '종'을 붙여 이름을 지었어요.

고려 시대에는 '나라를 세운 임금만이 '조'가 되고, 계통을 이은 임금은 모두 '종'이 된다.'는 원칙을 따라 첫 왕인 태조 왕건을 제외하고는 모두 '종'이 붙었어요. 고려 후기에는 원의 간섭으로 '조'나 '종'이 들어가는 이름을 모두 지을 수 없었고, '○○왕'이라고 지어야 했어요.

조선 시대에는 태조 이성계 외에도 '조'를 붙인 왕이 6명 더 있어요. 당시 왕들은 '종'보다는 첫 왕에 붙이던 '조'의 호칭을 더 높다고 보았어요. 그래서 '공이 있으면 조가 되고, 덕이 있으면 종이 된다.'고 주장하며 '조'의 호칭을 붙이고자 했어요. 예를 들어 세조는 단종을 몰아내고 나라를 다시 세운 공이 있다고 하여 '조'를 붙였으며 영조, 정조, 순조는 묘호가 원래 '종'이었으나 후대 왕이 왕권의 정통성을 강화하기 위해 '조'로 바꾼 거예요. 한편 쫓겨난 왕은 묘호를 받지 못하고 '군'으로 불렸어요.

조 祖
뛰어난 업적이
있거나 어려움을
극복한 왕

종 宗
평화롭게 왕위를
계승하고 인자한
성품을 지닌 왕

군 君
왕의 자리에서
쫓겨나거나
업적이 없는 왕

예 **태조** 나라를 처음 세운 왕
선조 임진왜란을 극복한 왕
영조 당쟁을 약화시킨 왕
정조 당쟁을 완화한 왕

예 **문종** 학문에 뛰어난 왕
인종 성품이 어진 왕
효종 효성이 지극한 왕
성종 문물 제도를 완성한 왕

예 **연산군** 포악한 정치를 일삼다
왕위에서 쫓겨남
광해군 신하들에 의해
왕위에서 쫓겨남

탑, 불상, 도자기 이름을 보면 생김새가 보여요!

탑이나 불상, 도자기에 붙여진 이름은 길고 복잡해요. 하지만 이름이 지어진 원리를 알고, 찬찬히 끊어서 살펴보면 탑이나 불상, 도자기의 생김새를 짐작할 수 있어요. 또 이름이 지어진 원리만 잘 이해하고 있으면 아무리 긴 이름이라도 쉽게 기억할 수 있답니다.

탑 이름	위치 / 소재지 (어디에)	형태 / 층수 (모양 / 층)	재료 (무엇으로)
불국사 3층 석탑	불국사에 있는	3층으로 된	돌로 만든 탑
황룡사 9층 목탑	황룡사에 있는	9층으로 된	나무로 만든 탑
부여 정림사터 5층 석탑	부여에 있는 정림사 절터에 있는	5층으로 된	돌로 만든 탑

불상 이름	재료 / 방식 (무엇으로)	특징 (특징)	주인공 (누구를)	자세 / 형태 (어떻게)
금동 연가 7년명 여래 입상	동에 금칠을 하여	'연가 7년'이라고 새겨져 있으며	여래(부처)를	서 있는 모습으로 만든 상
금동 미륵보살 반가 사유상	동에 금칠을 하여		미륵보살을	반 정도 앉아 생각하고 있는 모습으로 만든 상

도자기 이름	도자기 종류 (어떤 도자기)	만든 방법 (어떻게)	무늬 / 모양 (어떤 모양의)	쓰임새 (어떻게 쓰이는)
청자 상감 운학문 매병	푸른빛 도자기로,	상감 기법으로 만들었고	구름과 학 무늬가 있는	매화 등 꽃가지를 꽂는 병
백자 청화 구름 용 무늬 병	하얀빛 도자기로,	푸른색 물감 그림 기법으로 만들었고	구름과 용 무늬가 있는	병

무덤 이름, 건물 이름도 신분에 따라 달라요!

옛날 무덤 중에서 어떤 무덤은 ○○릉이라고 하고, 어떤 무덤은 ○○총이 라고 해요. 또 옛날 건물 중에서 어떤 건물은 ○○전이라고 하고, 어 떤 건물은 ○○당이라고 해요. 무덤도 건물도 이름이 다르게 구별되 는 까닭은 무엇일까요? 무덤은 묻힌 사람이 누구인지에 따라 이름이 달라져요. 또 건물에도 나름대로 서열이 있었는데, 주로 건물 주인의 신분에 따라 건물의 서열이 정해졌답니다.

무덤 이름은 신분에 따라 달라요!

무덤의 주인공을 알 수 있을 때	**능** 陵	**원** 園	**묘** 墓	**단** 壇
	왕, 왕비가 묻힌 무덤 **예** 무령왕릉, 광릉	왕세자, 왕세자 아내, 왕의 부모 등 왕족이 묻힌 무덤 **예** 영휘원, 숭인원	왕자, 공주, 옹주, 기타 일반인이 묻힌 무덤 **예** 김유신 장군 묘	시신이 없이 죽은 사람의 영혼이나 유품을 모신 무덤 **예** 의자왕 단

무덤의 주인공을 알 수 없을 때	**총** 塚	**분** 墳
	어떤 특징이 있는 무덤 **예** 무용총: 무용하는 그림이 그려진 무덤 금관총: 금관이 나온 무덤	어떤 특징이 없지만 역사적인 자료가 될 만한 무덤 **예** 송산리 고분, 석촌동 고분

건물 이름에도 서열이 있어요!

궁 宮	**전** 殿	**당** 堂
임금이 머무르는 집 **예** 경복궁, 창덕궁	건물 가운데 가장 격이 높은 건물 **예** 경복궁의 근정전	전보다는 한 등급 격식이 낮은 건물로, 전에 딸린 부속 건물이거나 부속 공간의 중심 건물 **예** 경복궁의 자선당

자료 출처

1단원
본책 38쪽   포항 제철 공장과 항구(근현대사아카이브) / 울산 산업 단지의 항구(근현대사아카이브)
본책 39쪽   성남시(셔터스톡) / 세종특별자치시(근현대사아카이브)

2단원
본책 48쪽   국가인권위원회 홈페이지 캡처(국가인권위원회)
본책 72쪽   소방차 전용 구역(셔터스톡) / 공장 폐수(셔터스톡)

3단원
본책 94쪽   고구려의 막새기와(국립중앙박물관) / 발해의 막새기와(국립중앙박물관)
본책 100쪽   금동 연가 7년명 여래 입상(국립중앙박물관) / 익산 미륵사지 석탑(문화재청) / 황룡사 9층 목탑 모형(위키피디아)
본책 106쪽   청자 상감 넝쿨무늬 잔받침(국립중앙박물관) / 청자 상감 모란 구름 학 무늬 베개(국립중앙박물관)
본책 107쪽   팔만대장경판(강화역사박물관) / 고려 금속활자(국립중앙박물관)
본책 114쪽   무용총 벽화_정기활 필 무용총 옥우도(국립중앙박물관) / 무령왕릉 나무관 모형(국립공주박물관) / 금관총 금제 허리띠(국립중앙박물관)

4단원
본책 128쪽   혼천의(국립중앙박물관) / 측우기(위키피디아) / 농사직설(국립중앙박물관)
본책 141쪽   민화(국립중앙박물관)
본책 147쪽   척화비(근현대사아카이브)
본책 154쪽   민화(국립중앙박물관)

5단원
본책 162쪽   고종(위키피디아)
본책 163쪽   영은문(위키피디아) / 독립문(국립중앙박물관)
본책 168쪽   안중근(위키피디아) / 한일협약도 풍자화(국사편찬위원회)
본책 169쪽   헤이그 특사(국사편찬위원회)
본책 180쪽   황국신민서사(국립민속박물관) / 군함도(셔터스톡)
본책 186쪽   신탁통치 반대 전단(전쟁기념관) / 신탁통치 지지 전단(국사편찬위원회)
본책 195쪽   황국신민서사(국립민속박물관) / 황성신문 시일야방성대곡(나무위키)

일러두기

– 본 교재에 있는 뜻풀이 일부는 국립국어원의 <표준국어대사전>과 <한국어기초사전>을 인용하였습니다.
– 맞춤법과 띄어쓰기는 국립국어원의 <표준국어대사전>을 기준으로 삼되, 초등학교 교과서 표기를 참고하였습니다.

독해와 교과 공부를 한번에 끝내는 교과 독해

사회도 독해가 먼저다

초등 5 학년

정답과 해설

✦ 어휘

지도에서 우리 국토의 위치 를 찾아요.

우리나라는 아시아 대륙의 동쪽에 있어요.

우리나라 주변에는 러시아, 중국, 일본 등이 있어요.

우리나라는 북위 33°~43°, 동경 124°~132° 사이에 위치해 있어요.

국토의 영역 은 영토, 영해, 영공으로 이루어져요.

우리나라의 영토 는 한반도와 주변의 섬들을 포함해요.

우리나라의 영해 는 황해, 남해, 동해를 포함한 영토 주변의 바다예요.

우리나라의 영공 은 우리나라의 영토와 영해 위의 하늘이에요.

- -

✦ 독해

1.
❶ 문단 **국토**   ❷ 문단 **동경**
❸ 문단 **영역**   ❹ 문단 **영해**

2.   (1) ◯   (2) ◯   (3) ✕   (4) ◯

✕표 답 풀이

(3) 국토의 영역은 한 나라의 주권이 미치는 땅의 영역인 영토만으로 이루어지는 것이 아니다. 국토의 영역은 영토, 영해, 영공으로 이루어진다.

3.   ④

정답 풀이

④ 지도에서 가로선은 위도를 나타내고, 세로선은 경도를 나타낸다. 우리 국토는 북위 33°~43°, 동경 124°~132° 사이에 위치한다. 따라서 ㉠에는 '동경 132°'가, ㉡에는 '북위 33°'가 들어가야 한다.

4.   ③

오답 풀이

① 영공은 영토와 영해 위의 하늘을 말한다.
② 우리나라의 남쪽 끝 영토는 제주특별자치도 서귀포시 마라도이다. 독도는 우리나라의 동쪽 끝 영토이다.
④ 우리나라 영해의 범위는 기준선으로부터 12해리까지이다.
⑤ 영토, 영해, 영공 모두 한 나라의 주권이 미치는 영역이다. <보기>에 대한민국 영공에 다른 나라 비행기가 허가 없이 지날 수 없다고 되어 있다.

5.

국토의 위치와 영역

우리 국토의 위치	우리 국토의 영역
- 아시아 대륙의 동쪽에 위치한다. - 주변에 중국, 일본, 러시아 등이 위치한다. - 북위 33°~43°, 동경 124°~132° 사이에 위치한다.	- 영토: 한반도 와 주변의 섬들 - 영해: 황해, 남해, 동해를 포함한 영토 주변 바다(영해 설정 기준선으로부터 12해리까지) - 영공 : 우리나라의 영토와 영해 위에 있는 하늘

6.

〈조건〉
1. '~ 유리합니다.'의 형식에 맞추어 쓰세요.
2. 한 문장으로 쓰세요.

우리나라는 아시아 대륙과 태평양이 만나는 곳에 위치해 있으며, 삼면이 바다로 둘러싸여 있습니다.

이러한 위치 때문에 (대륙과도 연결되어 있고 바다와도 맞닿아 있어서) 대륙과 해양으로 나아가기에 유리합니다.

✦ 어휘

우리 국토를 산맥, 하천 등 자 연 환 경 에 따라 구분할 수 있어요.

자연환경에 따라 북 부 ·중부·남부 지방으로 구분할 수 있어요.

전 통 적 인 지 역 구 분 도 자연환경에 따라 이뤄졌어요.

전통적으로 관서·관북·관동·해서·경기·호서·호남· 영 남 지방으로 구분했어요.

우리 국토를 행 정 구 역 에 따라 구분할 수 있어요.

우리나라 행정 구역은 특별시, 특별자치시, 광역시, 도 , 특별자치도로 이루어져 있어요.

우리나라 행정 구역은 특별시 1 곳, 특별자치시 1곳으로 이루어져 있어요.

우리나라 행정 구역은 광역시 6 곳, 도 6곳, 특별자치도 3곳으로 이루어져 있어요.

✦ 독해

1. ❶ 문단 행정 구역　　❷ 문단 중부 지방
❸ 문단 자연환경　　❹ 문단 행정 구역

2. (1) ✕　(2) ○　(3) ✕　(4) ○

✕표 답 풀이
(1) 우리나라에는 특별시 1곳이 있다.
(3) 휴전선 남쪽에서 소백산맥과 금강 하류 사이의 지역을 중부 지방이라고 한다.

3. ④

정답 풀이
④ ㉠ 지방은 자연환경에 따른 전통적인 지역 구분에서 관동 지방, 그중에서도 태백산맥의 동쪽에 있는 영동 지방이다. 금강 또는 의림지라는 호수의 서쪽 지역은 호서 지방이다.

4. ③

오답 풀이
① 강릉과 원주는 강원도의 중심지 역할을 했다.
② 조선 시대 8도의 이름은 경기도를 제외하고 그 지역에서 중심지 역할을 하는 두 도시의 앞 글자를 따서 정해졌다.
④ 조선 시대 8도 중 경기도를 제외하고 나머지 도의 이름을 지역에서 중심지 역할을 하는 두 도시의 앞 글자를 따서 정했다. 경기도의 '경기'는 도읍을 중심으로 한 가까운 주위의 지방을 뜻한다.
⑤ 조선 시대의 8도는 북한을 포함한 것이 맞지만, 오늘날 우리나라 행정 구역은 북한을 제외하고 도 6곳과 특별자치도 3곳 등으로 이루어져 있다.

5.
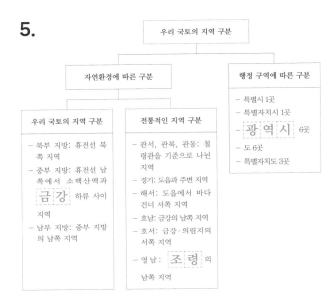

6.

- 호남 지방은 금강을 기준으로 남쪽에 있는 지역입니다.
- 영남 지방은 조령을 기준으로 남쪽에 있는 지역입니다.
- 호서 지방은 금강 또는 의림지를 기준으로 서쪽에 있는 지역입니다.

✦ 어휘

우리나라의 북쪽과 동쪽에는 높은 **산 지** 가 많아요.

우리나라의 남쪽과 서쪽에는 낮은 **평 야** 가 많아요.

우리나라의 주요 **하 천** 은 대부분 남쪽과 서쪽으로 흘러요.

우리나라는 삼면이 바다로 둘러싸여 있어 세 개의 **해 안** 이 나타나요.

우리나라 기후는 계절과 지역에 따라 **기 온** 차가 커요.

여름에는 기온이 높고 겨울에는 기온이 낮으며, **북 쪽** 으로 갈수록 기온이 낮아져요.

우리나라 기후는 계절과 지역에 따라 **강 수 량** 차가 커요.

겨울보다 **여 름** 에 강수량이 많고, 남부 지방의 강수량이 많아요.

✦ 독해

1.
❶ 문단 **지형**   ❷ 문단 **서쪽**

❸ 문단 **기후**   ❹ 문단 **지역**

❺ 문단 **강수량**

2. (1) ○ (2) ✕ (3) ○ (4) ○

✕표 답 풀이

(2) 동해안은 해안선이 단순하고 모래사장이 길게 발달했다. 갯벌이 발달한 곳은 서해안이다.

3. ⑤

오답 풀이

① 동해는 수심이 깊고 수온이 높은 데다, 차가운 북서풍을 태백산맥이 막아 주기 때문에 겨울철에는 동해안이 서해안보다 따뜻하다.

② 우리나라는 대체로 북쪽으로 갈수록 기온이 낮아진다.

③ 우리나라는 북부 지방과 남부 지방의 강수량이 달라, 대체로 남부 지방의 강수량이 많다. 동쪽과 서쪽 지역 간의 강수량 차이는 이 글에 나와 있지 않다.

④ 대체로 북부 지방보다 남부 지방의 강수량이 많다.

4. ②

정답 풀이

② <보기>에 산지에서는 임업을 하거나 가축을 기르고, 스키장을 만들어 여가를 누리기도 한다고 되어 있다. 논농사는 산지가 아니라 평야 지형에서 발달한다.

5.

우리나라의 지형과 기후	
우리나라의 지형	**우리나라의 기후**
– 산지: 북쪽, 동쪽에 발달했다. – **평 야** : 남쪽, 서쪽에 발달했다. – 하천: 남쪽, 서쪽으로 흐른다. – 해안: 서해안과 남해안은 해안선이 복잡하고, 동해안은 해안선이 단순하다.	기온: – 여름에 높고, 겨울에 낮다. – **북 쪽** 으로 갈수록 낮아진다. – 겨울철 동해안이 서해안보다 높다. 강수량: – **여 름** 에 많고, 겨울에 적다. – 남부 지방이 북부 지방보다 많다.

6.

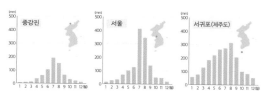

우리나라 강수량의 특징	– 지역별로 보면 북부 지방에서 남부 지방으로 갈수록 **강수량이 많은** 편이다. – 계절별로 보면 **겨울철보다 여름철 강수량이 많은 / 여름철보다 겨울철 강수량이 적은** 편이다.

✦ 어휘

우리나라는 시기와 지역에 따라 **인구 분포**가 달라졌어요.

1960년대 이전에는 농 업 사 회 로, 평야가 많은 남서부 지역에 인구가 많았어요.

1960년대 이후로 우리나라는 산 업 이 발달하기 시작했어요.

그러자 일자리가 많은 도 시 에 인구가 많아졌어요.

우리나라는 시기에 따라 **인구 구성**도 많이 달라졌어요.

1960년대에는 노년층보다 유 소 년 층 인구 비율이 높았어요.

2020년대에는 노 년 층 인구 비율이 크게 높아졌어요.

오늘날 우리나라는 저 출 산 · 고 령 화 현상이 뚜렷해졌어요.

✦ 독해

1. ❶ 문단 인구 분포 ❷ 문단 인구 밀도
❸ 문단 대도시 ❹ 문단 인구 구성

2. (1) ✕ (2) ◯ (3) ◯ (4) ✕

✕표 답 풀이
(1) 산업화 이후 촌락의 인구 밀도가 낮아졌다.
(4) 우리나라는 1960년대 이후 유소년층의 인구 비율이 계속해서 낮아지고 있다.

3. ⑤

정답 풀이
⑤ 저출산·고령화 현상의 원인은 태어나는 아이의 수가 줄어들면서 유소년층 인구 비율이 계속해서 낮아졌고, 평균 수명이 늘어나 노년층 인구 비율이 점점 높아졌기 때문이다.

4. ④

정답 풀이
④ 2020년 인구 피라미드에서 전체 인구에서 차지하는 비율이 가장 높은 것은 청장년층이다.

5.

우리나라의 인구 변화

인구 분 포 의 변화	인구 구성의 변화
– 1960년대 이전: 벼농사에 유리한 남서부 지역의 인구 밀도가 높았다. – 1960년대 이후: 산업이 발달한 수도권과 대도시의 인구 밀도가 높아졌다.	– 유소년층 인구 비율이 낮아지고, 노 년 층 인구 비율이 높아졌다. – 저 출 산 ·고령화 현상이 뚜렷해졌다.

6.

시기	1960년대 이전	1960년대 이후
인구 분포의 특징	벼농사에 유리한 남서부 지역에 인구가 많았고 산지가 많은 북동부 지역에 인구가 적었습니다.	수도권과 대도시에 인구가 빠르게 늘고 촌락 지역의 인구 밀도가 낮아졌습니다.
인구 분포 변화의 까닭	산업이 발달하면서 촌락에 사는 사람들이 일자리가 많은 도시로 이동했기 때문입니다.	

✦ 어휘

1960년대부터 산업이 발달하면서 서울, 부산 등의 대도시 가 성장했어요.

1960년대에 대도시를 중심으로 신발, 섬유 등 일손이 많이 필요한 경공업 이 발달했어요.

1970년대에는 남동 해안 지역 등에서 공업 도시 가 성장했어요.

1970년대에 공업 도시를 중심으로 배, 철강 등 중화학 공업 이 발달했어요.

1980년대부터는 도시 문제를 해결하려고 대도시 주변에 신도시 를 건설했어요.

1990년대 이후로 국토 균형 발전을 위해 노력하고 있어요.

1990년대 이후 첨단 산업 을 포함해 다양한 산업이 발달했어요.

2000년대 이후 고속 철도 도 개통되어 지역이 더 가까워졌어요.

- -

✦ 독해

1. ❶ 문단 도시   ❷ 문단 경공업
❸ 문단 생활권   ❹ 문단 인문환경

2. (1) ○ (2) ○ (3) ✕ (4) ○

✕표 답 풀이
(3) 2000년대부터 도시 문제를 해결하려고 수도권에 집중되어 있던 공공 기관과 연구소, 기업 등을 지방으로 옮겨 국토를 균형 있게 발전시키고자 했다.

3. ⑤

정답 풀이
⑤ 2004년에 고속 철도가 개통되면서 지역 간 이동 시간이 줄었다.

4. ①

정답 풀이
① 포항과 울산에 발달한 산업은 중화학 공업이다.

5.

우리나라의 도시, 산업, 교통 발달

도시 발달	산업 발달	교통 발달
- 1960년대: 서울, 부산, 대구 등 대도시 발달 - 1970년대: 공업 도시 성장 - 1980년대: 대도시 주변에 신도시 건설 - 2000년대: 국토 균형 발전	- 1960년대: 경공업 발달 - 1970년대: 중화학 공업 발달 - 1990년대: 반도체, 정보 통신 산업 발달 - 오늘날: 다양한 산업 발달	- 1960년대 후반: 고속 국도 개통 - 1970년: 경부 고속 도로 개통 - 2004년: 고속 철도 개통 ↓ 생활권이 넓어지고 지역 간 교류가 활발해짐.

6.

	경기도 성남시	세종특별자치시
도시 문제 해결 사례	서울에 인구가 집중되자 서울 주변 지역에 주거 단지를 만들었습니다.	수도권에 행정 기능이 집중되자 공공 기관을 옮겨 세종특별자치시를 건설했습니다.
까닭	대도시의 인구와 기능을 분산하기 위해서입니다.	국토를 균형 있게 발전시키기 위해서입니다.

✦ 융합 독해

1. ④

정답 풀이
④ ©은 호남 지방으로, 금강의 남쪽 지역이다. 금강 또는 의림지를 기준으로 서쪽 지역은 호서 지방이다.

2. ④

정답 풀이
④ (다)에서 (가)와 같은 전통적인 지역 구분은 오늘날 사용되는 여러 명칭에 남아 있다고 되어 있다.

3. ④

오답 풀이
① 우리나라는 지역에 따라 강수량이 다르며, 중강진, 서울, 서귀포의 강수량 그래프에서 지역에 따른 강수량 차이를 확인할 수 있다.
② 세 지역 모두 여름철 강수량이 가장 많고, 겨울철 강수량이 비교적 적다.
③ 우리나라는 대체로 북부 지방보다 남부 지방의 강수량이 많다. 그래프에서도 중강진보다 서울과 서귀포의 강수량이 더 많다.
⑤ 세 지역 모두 여름철 강수량이 가장 많다.

✦ 개념 정리

1. (1) 동경
(2) 영해

2. (1) 자연환경
(2) 행정 구역

3. (1) 서쪽
(2) 강수량

4. (1) 인구 밀도
(2) 인구 구성

5. (1) 중화학 공업
(2) 생활권

✦ 어휘

인권은 인간이라면 당연히 누려야 하는 권리예요.

나라에서 **사 회 보 장 제 도** 를 마련해 최소한의 인간다운 생활을 보장해요.

나라에서 모두가 편하게 이용하도록 **공 공 편 의 시 설** 을 만들어요.

나라에서 **국 가 인 권 위 원 회** 를 두어 인권을 침해당한 사람을 도와요.

옛날에도 **인권**을 보장하는 제도가 있었어요.

옛날에는 억울한 일이 생기면 북을 쳐서 임금에게 알리는 **신 문 고** 제도가 있었어요.

옛날에 임금이 행차할 때 꽹과리 등을 쳐서 직접 억울함을 호소한 **격 쟁** 이 있었어요.

옛날에 억울한 벌을 받지 않도록 세 번 재판하는 **삼 복 제 도** 가 있었어요.

✦ 독해

1. ❶ 문단 인권　　　❷ 문단 보장
　　❸ 문단 신문고 제도

2. (1) ○　(2) ✕　(3) ✕　(4) ○

✕표 답 풀이
(2) 삼복 제도는 무거운 형벌을 내릴 때 세 번의 재판을 거치도록 한 제도로, 억울하게 벌을 받는 백성이 없게 하기 위한 제도이다.
(3) 인권은 나이, 성별, 인종 등과 상관없이 누구에게나 동등하게 주어지는 권리이다.

3. ①

정답 풀이
① 외국인 근로자에게 더 적은 임금을 주는 것은 국적이나 인종 등에 따른 차별로, 인권을 존중하지 않는 모습이다.

4. ⑤

정답 풀이
⑤ 인권을 보장하기 위한 법과 사회 보장 제도를 만드는 것이 국가 인권 위원회에서 하는 일로 제시되어 있지 않다.

5.

인 권
사람이 사람답게 살아가기 위해 당연히 누려야 할 기본적인 권리

인권 보장을 위한 노력	옛날의 인권 보장 제도
- **사 회 보 장 제 도** 를 마련함. 예) 기초 연금 등 - 공공 편의 시설을 설치함. 예) 지하철역 승강기 등 - 인권 보호 기관을 운영함. 예) 국가 인권 위원회	- 신문고 제도: 신문고를 쳐서 임금에게 억울함을 알린 제도 - **격 쟁** : 임금의 행차 때 꽹과리 등을 쳐서 억울함을 호소한 제도 - 삼복 제도: 무거운 형벌을 내릴 때 세 번의 재판을 거치는 제도

6.

신문고 제도　　　격쟁　　　삼복 제도

〈조건〉
1. 위 제도들을 실시한 공통적인 이유 두 가지를 '~ 위한 제도입니다.'의 형식에 맞게 쓰세요.
2. 한 문장으로 쓰세요.

백성들의 억울함을 풀어 주고 차별받는 사람들의 인권을 보호하기 위한 제도입니다.

✦ 어휘

헌법은 모든 법의 바탕이 되는 우리나라 최고의 법이에요.

헌법에는 국민의　**인 권** 을 보장하는 내용이 담겨 있어요.

헌법에는 국민이 누려야 할　**권 리** 와 지켜야 할 **의무**가 나타나 있어요.

헌법에는　**국 가** 를 운영하는 원칙과 방법도 담겨 있어요.

헌법은 **인권**을 **보장**하는 역할을 해요.

한 예로, 인터넷 실명제가 표현의 자유를 제한해 인권을　**침 해** 한다는 의견이 있었어요.

헌 법　재 판 을 통해 헌법에 어긋난 제도라고 판단했어요.

이에 따라 인터넷 실명제를 폐지해 국민의　**인 권** 을 보장했어요.

- -

✦ 독해

1.
- ❶ 문단 **헌법**
- ❷ 문단 **인권**
- ❸ 문단 **국가**
- ❹ 문단 **법과 제도**
- ❺ 문단 **국민 투표**

2. (1) ○　(2) ○　(3) ○　(4) ✕

✕표 풀이
(4) 헌법의 내용을 새로 정하거나 고칠 때는 반드시 국민 투표를 거치도록 되어 있다.

3. ①

정답 풀이
① 헌법 제10조는 모든 국민이 인간으로서의 존엄과 가치, 행복을 추구할 권리를 가지며, 국가가 이를 보장해야 한다는 내용으로, 국민의 인권 보장과 관련된 것이다.

4. ②

정답 풀이
② <보기>에서 인터넷 실명제가 폐지된 까닭은 사이버 범죄가 늘어났기 때문이 아니다. 사이버 범죄 피해를 예방하고자 인터넷 실명제를 시행하였으나 인터넷 실명제가 국민의 기본권을 침해하여 헌법에 어긋나므로 폐지된 것이다.

5.

> **헌 법**
> 우리나라 최고의 법

헌법의 내용	인권 보장을 위한 헌법의 역할
- 국민의 인권 보장 - 국민의 권리와 **의 무** - 국가를 운영하는 원칙과 방법	어떤 법률이 인권을 침해함. ↓ **헌 법　재 판**에서 헌법에 어긋나는지 심사함. ↓ 헌법에 어긋나는 법을 고치거나 폐지함. ↓ 국민의 인권을 보장함.

6.

　　헌법을 고치거나 새로 정하는 일, 즉 헌법 개정은 정해진 절차에 따라 이뤄집니다. 먼저 국회나 대통령이 의견을 내면, 이를 널리 알립니다. 그 후 국회의 찬성을 얻고, 최종적으로 국민 투표를 통해 확정합니다. 이처럼 헌법 개정을 국민 투표로 결정하는 까닭은 <u>국가의 주인인 국민이 직접 헌법의 내용을 잘 살펴보고 결정하도록</u>　　　　　　　하기 위해서입니다.

✦ 어휘

헌법은 국민이 누려야 할 권리를 **기본권**으로 정해서 보장해요.

헌법은 차별받지 않을 평 등 권 과 자유롭게 행동할 자 유 권 을 보장해요.

정치에 참여할 참 정 권 과 인간다운 삶을 요구할 사 회 권 을 보장해요.

기본권이 침해되면 청 구 권 에 의해 구제를 요구할 수 있어요.

헌법은 모든 국민이 지켜야 할 **의무**를 정해 놓았어요.

국민이라면 누구나 자녀에게 법이 정하는 교육을 받게 할 교 육 의 의무가 있어요.

국민은 일을 할 근 로 의 의무와 나라를 지킬 국 방 의 의무도 있어요.

국민은 세금을 낼 납 세 의 의무, 그리고 환 경 보 전 의 의무도 있어요.

✦ 독해

1. ❶ 문단 기본권   ❷ 문단 자유권
❸ 문단 의무   ❹ 문단 근로의 의무

2. (1) ○ (2) ✕ (3) ○ (4) ○

✕표 답 풀이
(2) 근로의 의무는 자신과 나라의 발전을 위해 일할 의무를 말한다. 나라에 세금을 낼 의무는 납세의 의무이다.

3. ①

정답 풀이
① 대한민국 헌법 제31조 제2항은 모든 국민이 자녀가 잘 성장할 수 있도록 일정한 교육을 받게 할 교육의 의무를 정해 놓은 것이다.

4. ⑤

오답 풀이
① (가)는 평등권 조항이다.
② (나)는 자유권 조항이다.
③ (다)는 사회권 조항이다.
④ (라)는 참정권 조항이다.

5.

헌법에 나타난 기본권과 의무	
국민의 기 본 권	국민의 의무
– 평등권: 차별받지 않을 권리 – 자유권: 자유롭게 생각하고 행동할 수 있는 권리 – 참정권: 정치에 참여할 수 있는 권리 – 사회권: 국가에 인간다운 생활을 보장해 달라고 요구할 수 있는 권리 – 청 구 권 : 국가에 권리 구제를 요구할 수 있는 권리	– 교육의 의무: 자녀가 법률에서 정하고 있는 교육을 받게 할 의무 – 근로의 의무: 일을 할 의무 – 국 방 의 의무: 나라를 지킬 의무 – 납세의 의무: 나라에 세금을 낼 의무 – 환경 보전의 의무: 깨끗한 환경을 지키기 위해 노력할 의무

6. (예시 답안)

〈조건〉	〈예〉
1. 국민의 의무 가운데 하나를 정해서, 다음 〈예〉와 같이 그 의무를 실천하는 모습이 나타나도록 쓰세요. 2. 한 문장으로 쓰세요.	부모님은 일을 해서 번 소득의 일부를 나라에 세금으로 내서 납세의 의무를 실천하고 있습니다.

우리 가족은 쓰레기 분리배출을 하며 환경 보전의 의무를 실천하고 있습니다.

✦ 어휘

법은 질서 있고 안전한 사회를 위해 국가가 만든 규범이에요.

법은 `강 제 성` 이 있어서 모든 국민이 반드시 지켜야 해요.

만약 법을 지키지 않으면 `제 재` 를 받아요.

법은 `변 화` 할 수 있어서 바꾸거나 새로 만들어지기도 해요.

도로에서 횡단보도를 건널 때는 `도 로 교 통 법` 에 따라요.

`소 비 자 기 본 법` 에 따라 소비자의 권리와 이익을 보호해요.

`저 작 권 법` 은 작품을 만든 사람의 권리를 보호해요.

학교에서 급식을 조리할 때는 `학 교 급 식 법` 에 따라요.

✦ 독해

1. ❶ 문단 **법**   ❷ 문단 **제재**
    ❸ 문단 **인권**   ❹ 문단 **법**

2. (1) ✕   (2) ○   (3) ✕   (4) ✕

✕표 답 풀이

(1) 법은 변할 수 있어서 바꾸거나 다시 만들 수 있다.
(3) 법은 강제성이 있어서 법을 지키지 않으면 국가로부터 제재를 받는다.
(4) 「소비자 기본법」은 소비자의 권리를 보호하는 법이다. 창작물을 만든 사람의 권리를 보호해 주는 법은 「저작권법」이다.

3. ③

정답 풀이

③ 임산부에게 임산부 배려석을 양보하지 않는 것은 도덕에 따르지 않는 행동이다. 따라서 다른 사람에게 비난받을 수는 있지만 법의 제재를 받는 상황은 아니다.

4. ③

정답 풀이

③ <보기>의 빈칸에 들어갈 법은 「소비자 기본법」이다. 「소비자 기본법」은 상품으로 인한 위험과 피해로부터 소비자의 권리를 보호한다.

5.

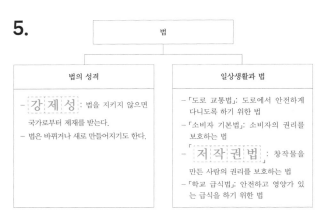

법	
법의 성격	**일상생활과 법**
`강 제 성` : 법을 지키지 않으면 국가로부터 제재를 받는다. – 법은 바뀌거나 새로 만들어지기도 한다.	– 「도로 교통법」: 도로에서 안전하게 다니도록 하기 위한 법 – 「소비자 기본법」: 소비자의 권리를 보호하는 법 – `저 작 권 법` : 창작물을 만든 사람의 권리를 보호하는 법 – 「학교 급식법」: 안전하고 영양가 있는 급식을 하기 위한 법

6.

전동 킥보드 사고가 잇따르자 면허가 있어야 탈 수 있도록 「도로 교통법」을 바꾸었습니다.	인터넷 발달로 사이버 범죄가 나타나자 새로 「개인 정보 보호법」을 만들었습니다.

법이 사회 변화에 맞지 않거나 사람들의 인권을 침해하는
상황이 발생하면 법을 바꾸거나 새롭게 만듭니다.

✦ 어휘

법은 **개인의 권리**를 **보호**하는 역할을 해요.

우리 사회는 개인의 [생 명] 과 재산을 법으로 보호해요.

만약 권리가 침해되거나 억울한 피해를 보면 법이 권리를 [구 제] 해 주기도 해요.

다른 사람과 분쟁이 생기면 법에 따라 [공 정] 하게 해결할 수 있어요.

법은 **사회 질서**를 **유지**하는 역할도 해요.

법은 사람들을 [범 죄] 로부터 안전하게 보호해 줘요.

법은 사고를 [예 방] 해 사람들이 안전하게 살아가도록 해요.

법은 사람들이 쾌적한 [환 경] 에서 생활할 수 있게 해 줘요.

✦ 독해

1. ❶ 문단 **법**　　❷ 문단 **개인의 권리**
❸ 문단 **사회 질서**　　❹ 문단 **권리**

2. (1) ○　(2) ○　(3) ✕　(4) ○

✕표 답 풀이
(3) 국가에 권리를 침해당했을 때 법은 이를 해결할 방법을 안내하고 구제한다. 법을 통해 일정한 절차를 거쳐 손해 배상을 받을 수 있다.

3. ⑤

정답 풀이
⑤ 법은 자신의 권리뿐만 아니라 다른 사람의 권리도 보호하기 위한 것으로, 다른 사람의 권리를 침해할 근거를 마련하는 것은 법의 역할이 아니다.

4. ③

정답 풀이
③ <보기>의 ㉠ (「소방 기본법」)은 개인의 생명과 재산을 안전하게 보호하는 법으로, 개인의 권리를 보호하는 법이다.

5.

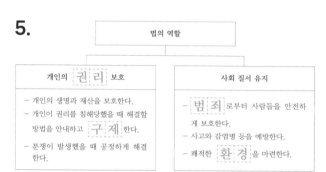

법의 역할

개인의 [권 리] 보호	사회 질서 유지
- 개인의 생명과 재산을 보호한다. - 개인이 권리를 침해당했을 때 해결할 방법을 안내하고 [구 제] 한다. - 분쟁이 발생했을 때 공정하게 해결한다.	- [범 죄] 로부터 사람들을 안전하게 보호한다. - 사고와 감염병 등을 예방한다. - 쾌적한 [환 경] 을 마련한다.

6.

「소방 기본법」에 따라 화재를 예방 · 진압하고 구조 활동을 한다.

〈조건〉
1. '법은 ~ 역할을 합니다.'의 형식에 맞게 쓰세요.
2. 한 문장으로 쓰세요.

법은 개인의 권리를 보호하는 역할을 합니다. / 법은 개인의 생명과 재산을 보호하는 역할을 합니다.

✦ 융합 독해

1. ①

정답 풀이

① 인권은 모든 사람이 태어날 때부터 가지는 권리로, 나이와 상관없이 누구에게나 동등하게 주어진다.

2. ④

정답 풀이

④ 제41조 제1항은 국가를 운영하는 원칙을 담고 있는 조항이다. 참고로 참정권은 국민이 정치에 참여할 권리로, 헌법에서는 제24조 '모든 국민은 법률이 정하는 바에 의하여 선거권을 가진다.' 등을 통해 참정권을 보장하고 있다.

3. ②

정답 풀이

② <보기>에서 헌법 재판소가 인터넷 실명제는 헌법에 어긋난다고 판단하자, 이에 따라 인터넷 실명제를 폐지했다. 헌법은 모든 법과 제도의 바탕이 되는 최고의 법으로, 어떤 제도가 헌법에 어긋난다고 판단되면 그 제도를 고치거나 없앤다. 따라서 해당 제도가 아닌 관련된 헌법 조항을 폐지한다는 것은 잘못된 설명이다.

✦ 개념 정리

1. (1) 인권
(2) 보장

2. (1) 헌법
(2) 국가

3. (1) 기본권
(2) 의무

4. (1) 법
(2) 인권

5. (1) 권리
(2) 사회 질서

✦ 어휘

환웅 이 무리를 이끌고 하늘에서 인간 세상으로 내려왔어요.

사람이 되고 싶어 한 **곰** 이 여자인 웅녀로 변했어요.

환웅과 웅녀가 결혼해 낳은 아들이 바로 **단군왕검** 이에요.

단군왕검은 우리 역사 속 최초의 국가인 **고조선** 을 세웠어요.

고조선을 대표하는 세 가지 **문화유산** 이 있어요.

고조선에서는 청동 칼인 **비파형 동검** 을 만들어 썼어요.

고조선에서는 손잡이가 달린 **미송리식 토기** 를 만들어 썼어요.

고조선에서는 지배자가 죽으면 **탁자식 고인돌** 을 세워 묻었어요.

✦ 독해

1. ❶ 문단 **고조선**　　❷ 문단 **단군왕검**
　　❸ 문단 **문화유산**　　❹ 문단 **법 조항**

2. (1) ○　(2) ✕　(3) ○　(4) ✕

✕표 답 풀이
(2) 고조선에서는 도둑질한 사람을 노비로 삼았는데 이로써 고조선이 신분이 나뉘어 있는 사회였음을 알 수 있다.
(4) 고조선에는 남을 죽이거나 상해를 입힌 사람 등을 처벌하는 법이 있었다.

3. ⑤

정답 풀이
⑤ 비파형 동검은 미송리식 토기, 탁자식 고인돌과 함께 중국의 동북쪽 지역과 한반도 북부 지역에 분포해 있으며, 고조선을 대표하는 문화유산이다.

4. ④

정답 풀이
④ 곰을 믿는 집단과 환웅의 집단이 손잡고 고조선을 세웠다.

5.

고조선		
고조선의 건국 이야기	**고조선의 문화유산**	**고조선의 법**
하늘에서 내려온 환웅과 곰이었던 웅녀가 혼인함. ↓ 환웅과 웅녀의 아들인 **단군왕검** 이 고조선을 건국함.	– **비파형** 동검 – 미송리식 토기 – 탁자식 고인돌	– 사람을 죽인 사람: 사형에 처함. – 남에게 상해를 입힌 사람: 곡식으로 갚게 함. – 도둑질한 사람: 노비로 삼거나 50만 전을 내게 함.
	고조선의 문화 범위를 짐작할 수 있음.	고조선 사람들의 생활 모습을 짐작할 수 있음.

6.

남에게 상해를 입힌 사람은 곡식으로 갚는다.

〈조건〉
1. '고조선에서는 ~ 알 수 있습니다.'의 형식에 맞추어 쓰세요.
2. 한 문장으로 쓰세요.

고조선에서는 개인의 재산을 인정했다는 것을 알 수 있습니다.

✦ 어휘

고구려, 백제, 신라가 등장하는 **삼 국** 시대가 열렸어요.

고 구 려 는 주몽이 압록강 근처 졸본에 세운 나라예요.

백 제 는 온조가 한강 유역에 세운 나라예요.

신 라 는 박혁거세가 경주 지역에 세운 나라예요.

삼국은 차례차례 한강을 차지하면서 **전성기** 를 맞았어요.

백제는 4세기 **근 초 고 왕** 때 제일 먼저 전성기를 맞았어요.

고구려는 5세기 **광 개 토 대 왕** 과 장수왕 때 전성기를 맞았어요.

신라는 6세기 **진 흥 왕** 때 전성기를 맞았어요.

- -

✦ 독해

1. ❶ 문단 삼국   ❷ 문단 백제
    ❸ 문단 고구려   ❹ 문단 신라

2. (1) ○   (2) ○   (3) ○   (4) ✕

✕표 답 풀이
(4) 영토를 넓힌 것을 기념하려고 순수비를 세운 것은 신라의 진흥왕이다.

3. ①

오답 풀이
② (가)는 백제의 전성기로, 고구려의 장수왕이 평양성으로 도읍을 옮긴 것은 5세기 고구려의 전성기인 (나) 시기의 일이다.
③ (나)는 고구려의 전성기로, 백제가 영토를 넓히며 주변 나라들과 활발하게 교류한 것은 4세기 백제의 전성기 (가) 시기의 일이다.
④ (나)는 고구려의 전성기로, 신라의 진흥왕이 가야를 정복하여 가야의 영토를 흡수한 것은 6세기 신라의 전성기인 (다) 시기의 일이다.
⑤ (다)는 신라의 전성기로, 광개토 대왕이 백제를 공격하여 한강 유역을 차지한 것은 5세기 고구려의 전성기인 (나) 시기의 일이다.

4. ④

정답 풀이
④ 대가야, 금관가야 등으로 이루어진 가야 연맹은 낙동강 유역에 형성되었다. 한강 유역을 놓고 전쟁을 벌인 것은 삼국이다.

5.

삼국		
백제	고구려	신라
– **한 강** 유역에 자리 잡음. – 4세기 근초고왕 때 전성기를 맞음.	– 압록강 근처 졸본에 자리 잡음. – **5** 세기 광개토 대왕과 장수왕 때 전성기를 맞음.	– 경주 지역에 자리 잡음. – 6세기 **진 흥 왕** 때 전성기를 맞음.

6.

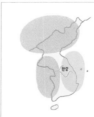

삼국은 한강 유역을 두고 끊임없이 경쟁했고, 전성기에 공통적으로 한강 유역을 차지했습니다. 왜냐하면 한강 유역은 **땅이 넓고 기름져 농사짓기에 좋았** 기 때문입니다.

또 한반도 서쪽 바다인 황해를 건너 중국과 교류하여 발달된 문화를 받아들이기 유리한 지역이었기 때문입니다.

✦ 어휘

신 라 가 당과 동맹을 맺었어요.

신라는 당과 함께 백 제 와 고 구 려 를 차례로 멸망시켰어요.

그런데 당이 한반도 전체를 넘보자 신라는 당 과 전쟁을 벌였어요.

신라는 당을 몰아내고 삼 국 통 일 을 이뤘어요.

옛 고구려의 장군이었던 대 조 영 이 발해를 세웠어요.

발해는 스스로 고 구 려 를 계승한 나라라고 내세웠어요.

발해는 **고구려**의 옛 땅을 대부분 되찾고 전성기를 맞았어요.

당은 발해를 바다 동쪽의 번성한 나라라는 뜻에서 해 동 성 국 이라고 불렀어요.

- -

✦ 독해

1. ❶ 문단 신라　　❷ 문단 당
❸ 문단 발해　　❹ 문단 해동성국

2. (1) ○　(2) ○　(3) ✕　(4) ✕

✕표 답 풀이
(3) 발해는 당과 교류하며 당의 문물을 받아들였다.
(4) 신라는 고구려가 차지하고 있던 땅을 대부분 잃었다.

3. ④

오답 풀이
① 빈칸은 고구려 멸망 후 신라가 삼국 통일을 이루기 전 시기로, 이때 신라는 당과 전쟁을 벌여 한반도를 차지하려던 당을 몰아냈다. 신라가 당과 동맹을 맺은 것은 고구려와 백제가 멸망하기 전이다.
② 계백이 백제군을 이끌고 신라군에 맞서 싸운 것은 고구려와 백제가 멸망하기 전이다.
③ 백제가 신라와 당 연합군의 공격을 받아 멸망한 것은 고구려가 멸망하기 전이다.
⑤ 백제의 공격으로 어려움에 처한 신라가 고구려에 도움을 요청한 것은 백제와 고구려가 멸망하기 전, 신라와 당이 동맹을 맺기 전이다.

4. ③

정답 풀이
③ 발해의 기와, 온돌, 무덤 양식 등을 보면 고구려의 영향을 받았음을 알 수 있다.

5.

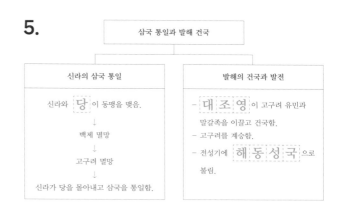

삼국 통일과 발해 건국

신라의 삼국 통일	발해의 건국과 발전
신라와 **당** 이 동맹을 맺음. ↓ 백제 멸망 ↓ 고구려 멸망 ↓ 신라가 당을 몰아내고 삼국을 통일함.	- **대 조 영** 이 고구려 유민과 말갈족을 이끌고 건국함. - 고구려를 계승함. - 전성기에 **해 동 성 국** 으로 불림.

6.

〈조건〉
'삼국의 문화가 ~ 되었어요.'의 형식에 맞추어 삼국 통일의 의의를 쓰세요.

 여러 나라로 갈라져 있던 우리 민족을 처음 통일한 나라인 신라는 대단한 것 같아요. 신라의 삼국 통일은 <u>삼국의 문화가 한데 어우러져 우리 민족 문화가 새롭게 발전할 수 있는 발판이 되었어요.</u>

맞아. 하지만 통일 과정에서 당을 끌어들인 데다가 고구려가 차지하고 있던 북쪽 땅을 대부분 잃었다는 점에서는 비판을 받기도 한단다.

✦ 어휘

삼국은 **고분** 안에 많은 문화유산을 남겼어요.

고구려 고분인 무용총 등에서는 고 분 벽 화 가 많이 발견되었어요.

백제 고분인 무 령 왕 릉 에서는 중국 도자기 등 주변 나라의 물건이 발견되었어요.

신라 고분인 금관총 등에서는 금 관 등 금으로 만든 물건이 많이 발견되었어요.

삼국은 모두 **불교**를 받아들여 많은 불교 문화유산을 남겼어요.

금동 연가 7년명 여래 입상은 고 구 려 의 대표적인 불상이에요.

익산 미륵사지 석탑은 백 제 에서 만든 탑이에요.

황룡사 9층 목탑은 신 라 에서 만든 탑이에요.

✦ 독해

1. ❶ 문단 고분　　❷ 문단 고분 벽화
　　❸ 문단 불교　　❹ 문단 불국사

2. (1) ○　(2) ✕　(3) ✕　(4) ○

✕표 답 풀이
(2) 삼국 통일 후 신라의 불교문화는 더욱 발달하였다.
(3) 황룡사 9층 목탑은 신라의 불교 문화유산이다.

3. ③

오답 풀이
① (가)는 고구려, (나)는 백제, (다)는 신라를 대표하는 문화유산이다.
② (가), (나), (다) 모두 고분 안에서 발견된 문화유산이 아니다.
④ (다)만 이웃 나라가 쳐들어오지 않기를 바라며 만든 문화유산이다.
⑤ (가), (나), (다)는 삼국과 주변 나라와의 교류를 보여 주는 문화유산이 아니며, 본문에서는 주변 나라와의 교류를 알려 주는 문화유산으로 백제 무령왕릉에서 발견된 물건들을 예로 들고 있다.

4. ②

정답 풀이
② 불국사 삼층 석탑은 통일 후 신라 시대에 만들어진 탑이다. 신라의 선덕 여왕 때 만들어진 대표적인 탑은 황룡사 9층 목탑이다.

5.

삼국의 문화유산

삼국의 고 분 과 문화유산	삼국의 불교 문화유산
– 고구려: 무용총 등의 고분에서 고분 벽화가 많이 발견됨. – 백제: 무 령 왕 릉 에서 다양한 나라의 유물이 발견됨. – 신라: 금관총 등의 고분에서 금으로 만든 유물이 많이 발견됨.	– 고구려: 금동 연가 7년명 여래 입상 – 백제: 익산 미륵사지 석탑 – 신라: 황 룡 사 9층 목탑

통일 후 신라의 불교 문화유산
– 통일 후 신라: 불국사, 석굴암

6.

〈조건〉
'삼국은 ~ 받아들였어요.'의 형식에 맞추어 삼국이 불교를 받아들인 까닭을 쓰세요.

고구려, 백제, 신라는 불교를 받아들인 뒤에 많은 절과 탑을 지으며 불교문화를 발전시켰어요. 이처럼 삼국이 불교를 적극적으로 받아들인 까닭은 무엇일까요?

삼국은 백성의 마음을 하나로 모으고 왕권을 높이기 위해 불교를 받아들였어요.

불교는 나라를 다스리는 데 큰 도움이 되었어요.

✦ 어휘

신라 말에 견훤이 후 백 제 를 세웠어요.

그리고 궁예가 후 고 구 려 를 세워 후삼국이 이뤄졌어요.

궁예의 신하였던 왕건은 궁예를 몰아내고 고 려 를 세웠어요.

고려는 신라의 항복을 받고 후백제를 물리쳐 후 삼 국 을 통 일 했어요.

고려는 고려만의 독창적인 **문화**를 꽃피웠어요.

고려에서 만든 도자기인 고 려 청 자 는 빛깔과 무늬가 아름답기로 유명했어요.

고려 사람들은 부처의 가르침을 목판에 새겨 팔 만 대 장 경 을 만들었어요.

고려 사람들은 세계 최초로 금 속 활 자 를 만들어 책을 인쇄했어요.

✦ 독해

1. ❶ 문단 후백제 ❷ 문단 고려
❸ 문단 고려청자 ❹ 문단 목판 인쇄술
❺ 문단 금속 활자

2. (1) ○ (2) ○ (3) ✕ (4) ○

✕표 답 풀이

(3) 몽골의 침입을 이겨내기 위해 부처님의 가르침을 목판에 새긴 것은 『직지심체요절』이 아닌 팔만대장경이다.

3. ④

오답 풀이

① (가) 시기는 후고구려 건국 후 신라가 고려에 항복하기 전 시기로, 왕건이 고려를 건국하던 때이다. 고려가 후삼국을 통일한 것은 신라 멸망 이후이다.
② 후백제가 멸망한 것은 신라가 고려에 항복하여 멸망한 이후이다.
③ 견훤이 후백제를 건국한 것은 후고구려 건국 이전이다.
⑤ 지방에서 호족 세력이 나타나 성장한 것은 후백제, 후고구려 건국 이전이다.

4. ①

정답 풀이

① 고려 청자는 주로 귀족이 사용했다.

5.

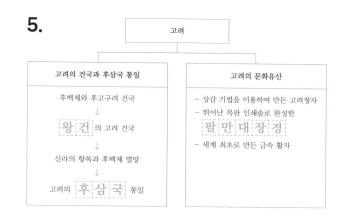

6.

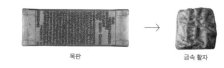

목판 → 금속 활자

고려 사람들은 목판 인쇄술을 이용해 하나의 목판으로 여러 권의 책을 인쇄했습니다. 하지만 목판은 보관하기 어렵고, 글자를 잘못 새기면 판을 새로 만들어야 했습니다. 이후 금속 활자를 발명하면서 다양한 책을 더욱 편리하게 인쇄하게 되었습니다. 금속 활자는 한 글자씩 조합하여 판을 짤 수 있었고, 금속으로 만들어져 쉽게 상하지 않고 보관이 쉬웠습니다.

✦ 어휘

거란 은 세 번에 걸쳐 고려에 쳐들어왔어요.

1차 침입 때는 서희 가 외교 담판을 벌여 고려가 오히려 강동 6주를 차지했어요.

3차 침입 때는 강감찬 이 이끄는 고려군이 거란군을 귀주에서 크게 물리쳤어요.

한편 여진이 계속 침입하자 윤관은 별무반 을 이끌고 여진을 몰아냈어요.

몽골 은 30년 동안 여러 차례 고려에 쳐들어왔어요.

고려는 도읍을 개경에서 강화도 로 옮기고 몽골에 저항했어요.

승려 김윤후 는 백성들과 힘을 합쳐 몽골군을 물리치며 활약했어요.

삼별초 는 고려가 몽골과 싸움을 그친 후에도 끝까지 맞서 싸웠어요.

✦ 독해

1. ❶ 문단 거란 ❷ 문단 강감찬

❸ 문단 여진 ❹ 문단 몽골

❺ 문단 삼별초

2. (1) ✕ (2) ○ (3) ✕ (4) ○

✕표 답 풀이

(1) 서희는 거란과의 외교 담판에서 강동 6주를 얻어 오히려 고려의 영토를 넓혔다.

(3) 고려는 여진을 몰아내고 차지한 지역에 동북 9성을 쌓았다. 천리장성은 거란을 몰아낸 후 쌓은 것이다.

3. ③

오답 풀이

① (가)거란은 (다)송을 공격하기 전에 단독으로 고려를 공격했다.

② 세 차례에 걸쳐 고려를 침입한 것은 (가)거란이다.

④ 사신이 사망한 사건을 구실로 고려를 침입한 것은 (가)거란이 아니고, 몽골이다.

⑤ 고려는 (가)거란을 물리친 후 천리장성을 쌓았고, (나)여진을 몰아낸 후 동북 9성을 쌓았다.

4. ⑤

정답 풀이

⑤ 거란과의 담판 이후 고려는 ㉤(송)과 계속 좋은 관계를 이어갔다.

5.

고려의 외세 침입 극복 과정		
거란 의 침입과 극복	**여진의 침입과 극복**	**몽골의 침입과 극복**
- 1차 침입: 서희가 담판을 벌여 강동 6주를 얻음. - 3차 침입: 강감찬이 귀주에서 거란을 물리침(귀주 대첩). - 거란의 침입 이후 천리장성을 쌓음.	- 국경을 침입하는 여진을 윤관이 별무반 을 이끌고 물리침. - 여진을 몰아낸 지역에 동북 9성을 쌓음.	- 도읍을 강화도 로 옮겨 저항함. - 오랜 전쟁으로 피해가 커지자 강화를 맺음. - 삼별초는 강화도, 진도, 제주도로 옮겨 가며 끝까지 저항함.

6.

몽골이 침입해 오자 고려는 개경에서 가까운 섬인 강화도로 도읍을 옮겨 몽골에 맞설 준비를 했습니다. 왜냐하면 몽골군이 바다에서 하는 전투에 약한 데다 강화도의 지형이 험해서 몽골군의 침략을 방어하기에 유리했기 때문입니다.

✦ 융합 독해

1. ③

정답 풀이
③ ⓒ은 신라 금관총에서 나온 금으로 만든 유물로, 신라의 섬세한 금속 공예 기술을 엿볼 수 있는 문화유산이다. 신라 문화가 고구려 문화의 영향을 받았다는 내용은 이 글에 나와 있지 않다.

2. ④

오답 풀이
① 팔만대장경은 보존 상태가 뛰어나 오늘날까지 전해진다.
② 팔만대장경은 여러 사람이 함께 16년에 걸쳐 만들었다.
③ 팔만대장경은 부처의 가르침을 팔만여 장의 목판에 새긴 것이다.
⑤ 팔만대장경은 고려의 우수한 목판 인쇄술을 보여 주는 문화유산이다.

3. ⑤

정답 풀이
⑤ (다)에서 고려는 몽골군이 침략하기 어려운 강화도로 수도를 옮겼다고 설명하고 있다. 강화도는 지형이 험한 섬으로, 몽골군이 바다에서 하는 전투에 약하기 때문이다.

✦ 개념 정리

1.
(1) 단군왕검
(2) 문화유산

2.
(1) 백제
(2) 신라

3.
(1) 신라
(2) 발해

4.
(1) 불교
(2) 석굴암

5.
(1) 고려
(2) 팔만대장경

6.
(1) 거란
(2) 몽골

✦ 어휘

고려 말 신진 사대부 가 등장하여 고려의 개혁을 이끌었어요.

이 무렵에 이성계가 위화도 회군 으로 권력을 잡았어요.

이성계는 새 나라를 세우려는 뜻을 함께하는 신진 사대부 세력과 힘을 합쳤어요.

이성계는 새로운 나라를 세우고자 하는 사람들과 함께 조선 을 세웠어요.

조선은 한양 을 새로운 도읍으로 정했어요.

한양은 산 으로 둘러싸여 외적의 침입을 막기에 좋았어요.

한양은 나라의 중앙에 있고 한강 이 흘러 교통이 편리했어요.

한양의 건물의 위치와 이름은 유교 의 가르침에 따라 정했어요.

✦ 독해

1. ❶ 문단 신진 사대부　　❷ 문단 이성계
　　❸ 문단 조선　　❹ 문단 한양

2. (1) ✕　(2) ○　(3) ○　(4) ○

✕표 답풀이

(1) 홍건적과 왜구 등 외적의 침입을 물리치며 성장한 것은 신진 사대부가 아니라 이성계와 같은 무인 세력이다.

3. ③

오답 풀이

① 조선은 고려의 도읍이었던 개경에서 한양으로 도읍을 옮겨 새로운 도읍을 세웠다.
② 산으로 둘러싸여 있어서 외적의 침입을 막기 유리했다.
④ 한강이 흘러 물건을 실어 나르는 등 교통이 편리했다.
⑤ 한양에 있는 궁궐과 사대문 등 주요 건물의 자리와 이름은 유교의 가르침에 따라 정해졌다.

4. ⑤

정답 풀이

⑤ 이성계는 신진 사대부 중 급진파(고려를 무너뜨리고 새로운 나라를 세우려 한 세력)였던 정도전과 손을 잡고 조선을 건국했다. 정몽주는 고려를 유지한 채 개혁하려 한 온건파였다.

5.

조선	

조선의 건국 과정	조선의 도읍 한양
명이 고려에 북쪽 땅 일부를 요구함. ↓ 요동 정벌을 떠났던 이성계 가 위화도 회군을 일으킴. ↓ 이성계가 신진 사대부인 정도전과 손잡고 조선을 건국함.	– 나라의 중앙에 있고, 한강 이 흘러 교통이 편리함. – 땅이 넓고 평평하여 많은 사람이 모여 살기 좋음. – 산으로 둘러싸여 외적의 침입을 막기에 유리함. – 주요 건물의 위치와 이름은 유교 의 가르침에 따라 정함.

6.

(가)	이성계는 명과의 전쟁을 반대했지만 왕의 명령에 따라 요동 정벌에 나섰습니다.
(나)	이성계는 위화도에서 군대를 돌려 도읍인 개경으로 돌아왔습니다.
(다)	이성계는 권력을 잡고 신진 사대부와 함께 고려를 개혁했습니다.

✦ 어휘

조선 시대에는 주어진 **신분**에 따라 살아가야 했어요.

조선 시대의 신분은 양반, 중 인 , 상민, 천민으로 나뉘었어요.

양 반 은 관리가 되어 나랏일을 했고, 중인은 대개 전문적인 일을 했어요.

상 민 은 주로 농사를 짓거나 장사를 했고, 천민은 대부분 노비로 허드렛일을 했어요.

조선 전기 세 종 대에는 문화와 과학이 크게 발전했어요.

세종은 우리 고유의 문자인 훈 민 정 음 을 만들었어요.

세종 대에는 앙부일구, 측우기 등 여러 과 학 기 구 가 만들어졌어요.

세종 대에는 백성의 생활에 도움을 주는 다양한 서 적 도 편찬되었어요.

✦ 독해

1. ❶ 문단 **유교**   ❷ 문단 **신분**
　 ❸ 문단 **훈민정음**   ❹ 문단 **과학 기구**

2. (1) ○　(2) ○　(3) ✕　(4) ○

✕표 답 풀이
(3) 해시계인 앙부일구와 물시계인 자격루는 정확한 시각을 알리는 과학 기구이다. 비가 내린 양을 재는 과학 기구는 측우기이다.

3. ⑤

정답 풀이
⑤ 농사, 장사 등을 하며 나라에 세금을 낸 신분은 상민이 맞지만, 조선 시대의 신분 중 가장 낮은 신분은 상민이 아닌 천민이다.

4. ④

정답 풀이
④ 혼천의의 발명으로 해, 달, 별의 움직임과 위치를 관찰하여 계절의 변화를 아는 데 도움이 되었다. 측우기의 발명으로 비가 내린 양을 측정하여 가뭄과 홍수에 대비할 수 있었다. 백성들이 정확한 시간을 알 수 있는 데 도움을 준 과학 기구는 해시계인 앙부일구와 물시계인 자격루이다.

5.

조선 전기의 사회 모습	
조선의 신분 질서	**세종 대의 사회 발전**
- 양반: 나랏일을 하는 관리가 됨. - 중 인 : 향리, 의관, 역관, 화원 등으로 일함. - 상민: 농사를 짓거나 장사를 함. - 천민: 대부분 노비로 허드렛일을 함.	- 우리 고유의 글자인 훈 민 정 음 창제 - 우리 환경에 맞는 농사법을 정리한 「농 사 직 설」 편찬 - 혼천의, 간의, 앙부일구, 자격루, 측우기 등 과학 기구 제작

6.

우리나라의 말이 중국과 달라 문자와 서로 통하지 않는다. 이런 까닭으로, 백성이 말하고자 하는 바가 있어도 마침내 제 뜻을 펴지 못하는 사람이 많다. 내 이를 가엾게 여겨 새로 스물여덟 글자를 만드니 모든 사람이 쉽게 익혀 날마다 씀에 편안하게 할 따름이다.

- 「훈민정음」 해례본의 서문

조선은 중국의 한자를 사용했는데, 한자는 우리말과 달라 글을 읽고 쓰지 못하는

백성들이 많았습니다. (한자를 모르는 백성들은 생활에 어려움을 겪었습니다.)

세종은 이러한 백성의 어려움을 해결해 주기 위하여 배우기 쉽고 거의 모든 소리를 적을 수 있는 문자인 훈민정음을 만들었습니다.

✦ 어휘

1592년에 일본이 조선을 침략하며 **임 진 왜 란** 이 일어났어요.

이 순 신 은 수군을 이끌고 일본군을 잇따라 무찔렀어요.

전국 곳곳에서 **곽 재 우** 를 비롯한 의병이 일어나 활약했어요.

권 율 은 행주산성에서 백성들과 함께 싸워 일본군을 크게 물리쳤어요.

1636년에 청이 조선을 침략하며 **병 자 호 란** 이 일어났어요.

인조와 신하들은 **남 한 산 성** 으로 피신하여 청에 맞섰어요.

피해가 심해지자 항복을 두고 신하들의 의견이 **대립** 되었어요.

결국 인조는 남한산성에서 나와 삼전도에서 청에 **항 복** 했어요.

✦ 독해

1. ❶ 문단 **임진왜란**   ❷ 문단 **수군**
❸ 문단 **일본**   ❹ 문단 **병자호란**
❺ 문단 **남한산성**

2. (1) ○ (2) ✕ (3) ○ (4) ✕

✕표 답 풀이
(2) 청군이 빠르게 한양으로 쳐들어오자 인조는 남한산성으로 피신하였다.
(4) 권율이 이끄는 조선군은 행주산성에서 일본을 크게 물리쳤다.

3. ②

정답 풀이
② 병자호란 때 청이 침략하자 인조는 남한산성으로 피신하였고, 청군은 남한산성을 포위하였다. 그러다 결국 조선은 남한산성에서 나와 삼전도에서 청에 항복하였다.

4. ③

정답 풀이
③ 이순신이 이끄는 조선 수군은 옥포에서 첫 승리를 거둔 후, 한산도 대첩 등 잇따른 전투에서 큰 승리를 거두었다. 또한, <보기>에 임진왜란 당시 '일본은 바다에서 펼쳐진 모든 전투에서 이순신이 이끄는 수군에 패배하자'라고 되어 있으므로 한산도 대첩 이전에 조선 수군이 일본에 패배한 적이 없다는 것을 짐작할 수 있다. 실제로 이순신이 이끄는 조선 수군은 일본군과의 전투에서 백전백승하였다.

5.

임진왜란과 병자호란

임진왜란	병자호란
일 본 이 조선을 침략함. ↓ 수군과 **의 병** 의 활약으로 일본군을 물리침. ↓ 일본이 다시 침략했지만 조선군의 활약과 도요토미 히데요시의 사망으로 전쟁이 끝남.	조선과 형제의 관계를 맺었던 **청** (후금)이 다시 조선을 침략함. ↓ 인조가 **남 한 산 성** 으로 피신하여 맞섰지만 결국 청에 항복함. ↓ 조선과 청이 신하와 임금의 관계를 맺음.

6.

인조, 청에 항복하다

조선의 임금인 인조가 결국 남한산성을 나와 삼전도에서 청에 항복했다.

정묘년, 후금은 조선이 명을 섬기고 자기 나라를 멀리한다는 이유로 조선을 한 차례 침략했었다. 그리고 9년이 지난 병자년, 나라 이름을 청으로 바꾸고 다시 조선에 쳐들어왔다. 청의 군대가 빠른 속도로 한양에 이르자 인조는 남한산성으로 피신하여 저항했다. 그러나 성안의 식량이 부족해지고 얼어 죽는 사람들이 생기는 등 상황이 어려워지면서 결국 청에 항복했다. 이로 인해 조선과 청은 신하와 임금의 관계를 맺게 되었다.

그뿐만 아니라 조선의 왕자를 비롯하여 많은 신하와 백성들이 청에 끌려 갔다.

✦ 어휘

조선 후기에 영조와 정조는 백성을 위한 **개혁 정치**를 펼쳤어요.

영조는 신하들이 편을 가르자 **탕 평 책** 으로 인재를 고루 뽑았어요.

정조는 **규 장 각** 을 설치해 나랏일을 연구하고 인재를 길러 냈어요.

정조는 계획도시인 **수 원 화 성** 을 지어 새 정치를 펼치고자 했어요.

조선 후기에 경제적 여유가 생긴 서민들이 늘어나면서 **서민 문화**가 발달했어요.

한글로 쓰여 일반 백성도 쉽게 읽을 수 있는 **한 글 소 설** 이 인기를 끌었어요.

사람들이 모인 곳에서는 **판소리**와 탈을 쓰고 하는 **탈 놀 이** 를 즐겼어요.

서민들의 소망을 담은 실용적인 그림인 **민 화** 도 유행했어요.

✦ 독해

1. ❶ 문단 탕평책 ❷ 문단 정조
❸ 문단 서민 문화 ❹ 문단 한글 소설

2. (1) ○ (2) ○ (3) ○ (4) ✕

✕표 답 풀이
(4) 조선 후기에는 서민들의 소망이 담긴 민화가 유행했다.

3. ③

정답 풀이
③ 조선 시대에는 양반들이 학문과 정치적 의견에 따라 서로 붕당을 이루었고, 점차 붕당의 이익을 위해 다투자 영조와 정조는 탕평책을 실시해 붕당에 관계없이 인재를 고르게 등용했다.

4. ③

정답 풀이
③ <보기>의 (가)는 탈놀이에 대한 설명이고, (나)는 한글 소설에 대한 설명이다. (가)의 탈놀이는 탈을 쓰고 공연하는 것이다. 한 명의 소리꾼이 노래와 말, 몸동작을 섞어 공연하는 것은 판소리이다.

5.

조선 후기의 사회 변화	
영조와 정조의 개혁 정치	**서 민 문 화** 의 발달

영조의 개혁 정치:
– 탕평책을 실시함.
– 세금을 줄이고, 가혹한 형벌을 금지함.
 	
정조의 개혁 정치:
– 탕평책을 실시하고 규장각을 설치함.
– 자유로운 상업 활동을 보장함.
– **수 원 화 성** 을 건설하여
  정치, 경제, 군사의 새로운 중심지로
  삼고자 함.
	– 한글 소설: 남녀의 사랑, 신분 차별
	  비판 등의 내용을 흥미롭게 표현한
	  한글로 된 소설
	– **판 소 리** : 소리꾼이 북장단
	  에 맞춰 노래와 말, 몸동작을 섞어
	  이야기를 풀어 가는 공연
	– 탈놀이: 탈을 쓰고 춤을 추면서 하는
	  연극
	– 민화: 서민들의 소망을 담은 실용적
	  인 그림

6.

민화

예로부터 우리 민족은 까치가 복을 불러오고, 호랑이는 나쁜 일을 막아 준다고 믿었습니다. 또 소나무는 오래도록 사는 것을 의미했습니다. 그래서 조선 시대에는 까치와 호랑이, 소나무가 그려진 민화로 집을 꾸미곤 했습니다. 이처럼 민화의 소재에는 장수와 복을 비는 서민들의 소망이 담겨 있습니다.

✦ 어휘

조선 후기에 **서양**의 배들이 조선 해안에 나타나 통상을 요구했어요.

1866년에 프랑스가 통상을 하자며 **병인양요** 를 일으켰어요.

1871년에는 미국이 통상을 하자며 **신미양요** 를 일으켰어요.

흥선 대원군은 서양과 교류하지 않겠다며 **척화비** 를 세웠어요.

1875년에 **일본** 이 강화도를 침략해 운요호 사건이 일어났어요.

일본은 이 일을 구실로 조선을 위협해 **강화도 조약** 을 맺었어요.

강화도 조약은 다른 나라와 맺은 최초의 **근대적** 조약이에요.

강화도 조약은 조선에 불리한 내용이 담긴 **불평등** 조약이기도 해요.

✦ 독해

1. ❶ 문단 병인양요   ❷ 문단 신미양요
❸ 문단 척화비   ❹ 문단 일본
❺ 문단 불평등

2. (1) ✕   (2) ○   (3) ○   (4) ○

✕표 답 풀이
(1) 조선은 일본과 최초의 근대적 조약을 맺었다.

3. ⑤

정답 풀이
⑤ 어재연이 이끄는 조선군이 미군과 싸워 이기면서 미군이 물러
갔다.

4. ③

정답 풀이
③ 강화도 조약은 조선이 다른 나라와 맺은 최초의 근대적 조약
이다. 조선은 강화도 조약 체결 이후에 미국, 영국, 러시아 등과 조
약을 맺어 교류하기 시작했다.

5.

개항 전후 조선	
서양의 침략	**일본의 침략**
- 병인양요: 프랑스가 통상을 요구하며 강화도를 침략함. - **신미양요** : 미국이 통상을 요구하며 강화도를 침략함.	- 운요호 사건: 일본이 통상을 요구하며 강화도를 침략함. - 최초의 근대적 조약이자 불평등 조약인 **강화도 조약** 을 맺음.

흥선 대원군이 **척화비** 를 세움.

6.

척화비

서양 오랑캐가 침범하였을 때 싸우지 않는 것은 화친하는 것이요. 화친을 주장하는 것은 나라를 파는 것이다.

〈조건〉
1. 척화비를 세운 계기가 된 두 사건을 넣어 쓰세요.
2. '흥선 대원군은 ~ 뜻을 널리 알리기 위해 척화비를 세웠습니다.'의 형식에 맞게 쓰세요.

흥선 대원군은 병인양요와 신미양요를 겪은 후 서양과 교류하지 않겠다는
뜻을 널리 알리기 위해 척화비를 세웠습니다.

✦ 어휘

급진 개화파는 조선을 빠르게 바꾸고자 <u>갑신정변</u> 을 일으켰어요.

급진 개화파는 조선이 <u>청</u> 의 간섭에서 벗어나야 한다고 생각했어요.

급진 개화파는 모든 사람이 <u>평등</u> 한 권리를 가져야 한다고 생각했어요.

급진 개화파는 <u>세금</u> 제도 등 사회 제도를 고쳐야 한다고 생각했어요.

전봉준을 지도자로 농민들이 들고일어나 <u>동학 농민 운동</u> 을 일으켰어요.

동학 농민군은 <u>전주성</u> 을 점령하고 개혁안을 제시했어요.

동학 농민군은 정부가 개혁안을 들어주기로 하자 <u>해산</u> 했어요.

동학 농민군은 일본을 몰아내려 다시 일어났지만 <u>우금치</u> 에서 지며 실패했어요.

✦ 독해

1. ❶ 문단 개화 ❷ 문단 갑신정변
❸ 문단 전봉준 ❹ 문단 동학 농민 운동

2. (1) ○ (2) ○ (3) ✕ (4) ○

✕표답 풀이
⑶ 온건 개화파는 서양의 기술만 받아들이자고 주장했다. 서양의 제도와 사상까지 받아들이자고 주장한 것은 급진 개화파이다.

3. ②

정답 풀이
② 동학 농민군이 들고일어나 전주성을 점령하자(㉠) 조선 정부가 청에 군대를 요청했고, 이에 일본도 군대를 보냈다(㉢). 그러자 동학 농민군은 정부로부터 개혁안을 약속받고 스스로 해산했다(㉡). 그런데 청과 일본이 전쟁을 벌이고, 일본이 조선 정치에 간섭하기 시작했고(㉣), 동학 농민군이 일본을 몰아내려고 다시 일어났으나 일본군과 관군에게 패해 결국 실패로 끝났다(㉤).

4. ④

정답 풀이
④ 동학 농민군의 개혁안을 보면 '일본에 협력하는 사람은 엄하게 벌한다.'고 되어 있다. 따라서 동학 농민군은 조선이 외국과 적극적으로 협력하는 것이 아니라 외국에 기대지 않고 자주적인 국가가 되기를 바랐음을 알 수 있다.

5.

조선을 개혁하려는 노력

갑신정변	동학 농민 운동
- 급진 개화파가 일으킴. - <u>청</u> 의 간섭을 물리치고 사회 제도를 고쳐 개혁하려고 함. - 개혁안: 청에 바치던 조공 폐지, 평등한 권리, 세금 제도 개혁 등 - 청의 개입으로 3일 만에 실패함.	고부 군수의 횡포가 심해지자 동학교도, 농민들이 봉기함. 청과 일본이 군대를 파견하자 정부의 개혁 약속을 받고 농민군이 해산함. 청과 일본이 조선에서 전쟁을 벌이자 <u>일본</u> 을 몰아내려고 다시 봉기함. 우금치 전투 패배로 해산함.

6.

동학 농민 운동은 백성이 중심이 되어 나라를 개혁하고자 한 운동이야. 동학 농민군은 부패한 관리를 처벌하고, 노비 문서를 불태우며, 정해진 세금만 걷고, 토지를 고르게 나누는 등의 개혁안을 제시했지.

동학 농민 운동은 <u>외세를 몰아내고자 한</u> 운동이기도 해. 조선의 정치에 간섭하는 일본을 몰아내려고 다시 일어났지.

✦ 융합 독해

1. ⑤

정답 풀이

⑤ (라)에서 조선 후기에 일어난 동학 농민 운동의 동학 농민군 개혁안을 살펴보면, 천한 신분의 대우를 개선하려 했음을 알 수 있다.

오답 풀이

① 양인에는 양반, 중인, 상민이 포함되었다.
② 조선 시대에는 태어나면서부터 신분이 정해져 주어진 신분대로 살아가야 했다.
③ 조선 후기에 서민들의 의식이 높아지고 경제적으로 여유 있는 서민들이 생겨났지만, 양반보다 천민의 신분이 높아졌다는 설명은 본문에 나와 있지 않다.
④ 탈놀이에서 부패한 양반을 풍자했다는 사실을 통해 양반이 부패하여 서민들로부터 존경받지 못했음을 알 수 있다. 또한 동학 농민군의 개혁안에서도 수탈을 일삼는 벼슬아치와 양반을 비판하는 내용이 담겨 있다.

2. ④

정답 풀이

④ 민화가 유행한 조선 후기에는 부패한 양반을 풍자하는 탈놀이가 유행했다.

3. ②

정답 풀이

② <보기>는 동학 농민 운동의 사건 일지이다. 동학 농민군은 청과 일본의 군대가 개입하는 것을 막기 위해 전주성에서 정부로부터 개혁안을 약속받고 스스로 해산했다.

✦ 개념 정리

1. (1) 조선
(2) 한양

2. (1) 유교
(2) 훈민정음

3. (1) 임진왜란
(2) 남한산성

4. (1) 탕평책
(2) 서민 문화

5. (1) 척화비
(2) 일본

6. (1) 갑신정변
(2) 동학 농민 운동

✦ 어휘

청일 전쟁에서 이긴 **일본**은 조선의 일에 깊이 간섭했어요.

이에 명성 황후가 러시아와 손잡으려 하자 일본은 을미사변 을 일으켰어요.

이 일로 위협을 느낀 고종은 러시아 공사관 으로 몸을 피했어요.

궁궐로 돌아온 고종은 대한 제국 수립을 선포했어요.

외세 간섭이 심해지자 서재필은 독립신문 을 펴내 나라 안팎의 일을 알렸어요.

이어서 서재필 등은 **독립 협회**를 만들어 자주독립을 강조했어요.

독립 협회는 자주독립 의지를 높이고자 독립문 을 세웠어요.

또 만민 공동회 를 열어 누구나 나랏일에 대해 말할 수 있게 했어요.

✦ 독해

1. ❶ 문단 을미사변   ❷ 문단 대한 제국
❸ 문단 독립신문   ❹ 문단 독립문

2. (1) ✕ (2) ◯ (3) ✕ (4) ◯

✕표 답 **풀이**
(1) 아관 파천 이후 조선에서 일본의 영향력은 약해졌다. 그러나 러시아 등 외국 세력의 간섭이 심해졌다.
(3) 만민 공동회에서는 많은 사람이 한자리에 모여 나랏일에 대한 의견을 자유롭게 토론할 수 있었는데, 양반뿐만 아니라 신분이 낮은 사람들도 누구나 사회 문제에 대해 자신의 생각을 말할 수 있었다.

3. ①

오답 **풀이**
②, ③ (가) 시기 이후에 있었던 일로, 아관 파천 이후 서재필은 「독립신문」을 펴내고 독립 협회를 만들었다.
④, ⑤ (가) 시기 이후의 일로, 러시아 공사관으로 피신했던 고종은(아관 파천) 경운궁으로 돌아와 나라 이름을 대한 제국으로 바꾸고 여러 가지 개혁을 추진했다.

4. ②

정답 **풀이**
② 만민 공동회를 열어 누구나 나랏일에 대한 의견을 낼 수 있도록 한 것은 독립 협회에서 한 일이다. 대한 제국은 여러 가지 개혁을 추진했지만, 백성의 의견을 정치에 반영하지는 못하였다.

5.

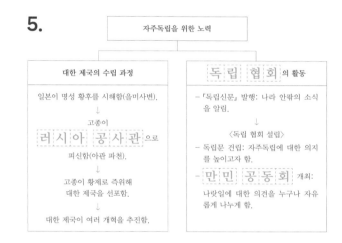

자주독립을 위한 노력

대한 제국의 수립 과정

일본이 명성 황후를 시해함(을미사변).
↓
고종이 러시아 공사관 으로 피신함(아관 파천).
↓
고종이 황제로 즉위해 대한 제국을 선포함.
↓
대한 제국이 여러 개혁을 추진함.

독립 협회 의 활동

- 「독립신문」 발행: 나라 안팎의 소식을 알림.
↓
〈독립 협회 설립〉
- 독립문 건립: 자주독립에 대한 의지를 높이고자 함.
- 만민 공동회 개최: 나랏일에 대한 의견을 누구나 자유롭게 나누게 함.

6.

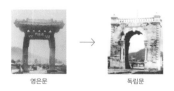

영은문 → 독립문

영은문은 조선 시대에 중국의 사신을 맞이하기 위해 세운 문입니다. 독립 협회는 자주독립에 대한 의지를 높이고자 1896년에 영은문을 허물고 독립문을 세웠습니다.

✦ 어휘

러일 전쟁에서 승리한 일 제 는 대한 제국의 정치에 깊이 간섭했어요.

일제는 강제로 을 사 늑 약 을 맺고 대한 제국의 외교권을 빼앗았어요.

고종은 헤이그 특사를 보내 을사늑약이 무 효 임을 알리려 했지만 실패했어요.

1910년 한일 병합 조약으로 대한 제국은 일제에 국 권 을 빼앗겼어요.

우리 민족은 을사늑약 체결 이후 일제의 침략에 맞서 **국권**을 지키려 노력했어요.

전국 곳곳에서 항 일 의 병 운 동 이 일어나 일제에 저항했어요.

안창호 등은 민족의 실력을 키우려는 애 국 계 몽 운 동 을 펼쳤어요.

안중근 등은 국권 침탈에 앞장선 이들을 처단하는 의 거 활 동 을 했어요.

✦ 독해

1. ❶ 문단 을사늑약　　❷ 문단 헤이그 특사
❸ 문단 항일 의병 운동　❹ 문단 애국 계몽 운동
❺ 문단 국권

2. (1) ✕　(2) ○　(3) ✕　(4) ○

✕표 답 풀이
(1) 을사늑약으로 대한 제국은 일제에 외교권을 빼앗겼다.
(3) 신돌석은 평민 출신 의병장이다.

3. ④

정답 풀이
④ 사진의 인물은 이토 히로부미를 사살한 안중근이다. 안중근은 국권 침탈에 앞장선 이를 직접 처단하는 의거 활동을 했다.

4. ①

오답 풀이
② 을사늑약 체결로 일제에 외교권을 빼앗겼다. 국권을 빼앗긴 것은 1910년 한일 병합 조약에 의해서이다.
③ 이완용을 비롯한 을사오적은 일제의 편을 들어 을사늑약을 체결했다.
④ 을사늑약의 결과로 대한 제국은 독립국의 지위를 잃고, 다른 나라와 자립적인 외교 활동을 하기 어렵게 되었다.
⑤ 헤이그 특사는 만국 평화 회의에 참석해 을사늑약이 무효임을 국제 사회에 널리 알리려 하였으나, 일본의 방해로 회의에 참석하지 못하고 실패하였다.

5.

일제의 국권 침탈과 우리 민족의 저항

일제의 국권 침탈 과정	국권을 지키려는 노력
을사늑약으로 외 교 권 을 빼앗김. ↓ 을사늑약 무효를 알리고자 고종이 헤이그 특사를 파견함. ↓ 고종이 황제에서 강제로 물러나고 대한 제국 군대가 해산됨. ↓ 한일 병합 조약으로 국권을 빼앗김.	- 항 일 의 병 운동: 전국 곳곳에서 일어나 일제에 저항함. - 애국 계몽 운동: 애국심을 높이고 민족의 실력을 길러 나라를 지키고자 함. - 의 거 활동: 국권 침탈에 앞장선 인물들을 직접 처단함.

6.

이준, 이상설, 이위종 특사님, 안녕하세요? 이번에 고종 황제의 명령을 받아 네덜란드 헤이그로 가신다고 들었는데요. 어떤 목적으로 파견되는 건지 궁금합니다.

이준　이상설　이위종

네, 저희는 을사늑약이 (강제로 체결된 부당한 조약이며, 따라서) 무효라는 것을 국제 사회에 알리기 위해 네덜란드 헤이그에서 열리는 만국 평화 회의에 참석할 예정입니다.

✦ 어휘

1910년 대한 제국의 국권을 빼앗은 일제는 우리나라를 **식민 통치**했어요.

일제는 조 선 총 독 부 를 세워 한국인을 강압적으로 다스렸어요.

일제는 헌 병 경 찰 제 를 실시해 한국인을 감시하고 탄압했어요.

일제는 토 지 조 사 사 업 을 벌여 토지세를 걷고 땅을 빼앗았어요.

우리 민족은 일제의 식민 통치에 맞서 국권을 되찾으려 **독립운동**을 펼쳤어요.

전 민족이 참여한 3 · 1 운 동 은 우리의 독립 의지를 널리 알렸어요.

대 한 민 국 임 시 정 부 는 국내외의 독립운동을 지휘했어요.

봉오동 전투, 청산리 대첩 등 무 장 독 립 투 쟁 도 계속됐어요.

✦ 독해

1. ① 문단 조선 총독부 ② 문단 토지 조사 사업
③ 문단 3·1 운동
④ 문단 대한민국 임시 정부
⑤ 문단 무장 독립 투쟁

2. (1) ○ (2) ○ (3) ○ (4) ✕

✕표 답 풀이
(4) 독립군은 봉오동과 청산리 일대에서 모두 일본군에 승리했다.

3. ④

오답 풀이
① 3·1 운동은 수개월 동안 이어졌다.
② 3·1 운동은 민족 대표와 학생, 선비, 농민 등이 참여한 민족 운동이다. 대한민국 임시 정부는 3·1 운동 이후 수립되었다.
③ 3·1 운동은 무장을 하지 않은 평화적인 만세 운동이었다.
⑤ 3·1 운동 당시 민족 대표들은 서울 태화관에 모여 독립 선언서를 낭독했다.

4. ②

오답 풀이
① 토지 조사 사업으로 우리나라 쌀 생산량이 늘었는지는 이 글과 <보기>를 읽고 알 수 없다.
③ 토지를 신고하지 않아 주인이 확실하지 않은 땅은 조선 총독부가 차지하였다.
④ 일제가 토지 조사 사업을 실시한 까닭은 더 많은 세금을 거두어 통치 자금을 마련하기 위해서였다.
⑤ 제출할 서류가 복잡하고 방법이 까다로워서 신고를 못 하고 땅을 빼앗긴 사람들도 있었다.

5.

식민 통치와 독립운동

일제의 식민 통치
- 조 선 총 독 부 : 식민 통치를 위한 기구를 세워 강압적으로 지배함.
- 헌병 경찰제: 경찰의 임무를 맡은 군인이 한국인을 감시함.
- 토 지 조 사 사 업 : 더 많은 토지세를 걷어 경제적으로 약탈함.

국권을 되찾으려는 노력
- 3·1 운동: 전국에서 다양한 계층이 참여한 만세 시위로, 민족의 독립 의지를 널리 알림.
- 대한민국 임시 정부 수립: 독립운동의 중심 역할을 함.
- 무 장 독 립 투 쟁 : 홍범도와 김좌진 등이 독립군을 이끌고 일본군을 물리침.

6.

조사 주제: 대한민국 임시 정부의 수립과 활동

- 수립 시기: 1919년 (3·1 운동 이후)
- 장소: 중국 상하이
- 목적: 독립운동을 체계적으로 이끌어 가기 위해서
- 활동:
  1. (비밀 연락망을 만들어) 독립군을 지휘했다.
  2. 독립운동을 위한 자금을 모았다.
  3. 신문을 발행해서 국내외 소식을 알렸다.
  4. 적극적인 외교 활동을 펼치며 독립운동의 중심 역할을 했다.

✦ 어휘

1930년대 일제는 **민족 말살 통치**로 민족정신을 없애려 했어요.

일제는 우리말 사용을 금지하고 일 본 어 를 쓰게 했어요.

일제는 일본식 성과 이름으로 바꾸게 하고 신 사 **참배**를 강요했어요.

일제는 침략 전쟁에 한국인을 강 제 동 원 했어요.

우리 민족은 민족 말살 통치에 맞서 **민족정신**을 지키려고 노력했어요.

조선어 학회는 한 글 을 연구하고 알려 우리말을 지키려 했어요.

신채호는 역 사 를 연구하고 책을 펴내 민족의 자부심을 높이려 했어요.

한용운, 이육사 등은 저항 정신이 담긴 항 일 문 학 작품을 지었어요.

- -

✦ 독해

1. ❶ 문단 민족 말살 통치　❷ 문단 침략 전쟁
❸ 문단 민족정신　❹ 문단 한국광복군

2. (1) ○　(2) ○　(3) ✕　(4) ○

✕표답풀이

(3) 한인 애국단은 의거 활동을 목적으로 김구가 조직한 단체이다. 한글을 연구하고 「한글 맞춤법 통일안」을 발표한 단체는 조선어 학회이다.

3. ⑤

오답풀이

① 김구는 한인 애국단을 조직해 의거 활동을 벌였다.
② 신채호는 우리 역사를 연구하고 우리 역사를 알리는 책을 펴냈다. 일본 왕의 마차에 폭탄을 던지는 의거를 일으킨 사람은 한인 애국단의 단원이었던 이봉창이다.
③ 이육사는 일제에 대한 저항 정신이 담긴 항일 문학 작품을 지었다.
④ 한용운은 일제에 대한 저항 정신이 담긴 항일 문학 작품을 지었다. 우리말과 우리글을 연구하고 「한글 맞춤법 통일안」을 발표한 것은 조선어 학회이다.

4. ③

정답풀이

③ '황국 신민 서사'는 일본 제국(황국) 백성(신민)의 맹세문으로, 일제는 한국인에게 황국 신민 서사를 외우게 함으로써 한국인의 민족정신을 없애려 했다.

5.

민족 말살 통치와 독립운동

일제의 민족 말살 통치	민족정신을 지키려는 노력
- 일 본 식 성과 이름으로 바꾸게 함. - 학교에서 우리말 수업과 우리 역사 교육을 금지함. - 신 사 참 배 를 강요함. - 침략 전쟁에 강제로 동원함.	- 조 선 어 학 회 : 한글을 연구하고 널리 보급함. - 신채호: 우리 역사를 연구함. - 한용운, 이육사: 저항 정신이 담긴 항일 문학 작품을 지음.

나라를 되찾으려는 노력

- 이봉창, 윤봉길 등의 의거 활동
- 한국광복군 조직

6.

광야

이육사

지금 눈 내리고
매화 향기 홀로 아득하니
내 여기 가난한 노래의 씨를 뿌려라.

이 시에서 '눈'은 일제 강점기의 가혹한 현실을, '가난한 노래의 씨'는 조국 광복을 위한 시인의 희생을 뜻합니다.

〈조건〉
1. 시인의 이름과 업적이 모두 들어가도록 쓰세요.
2. 한 문장으로 쓰세요.

시인 이육사는 일제에 대한 저항 정신이 담긴 항일 문학 작품을 지어 독립 의지를 드러냈습니다.

✦ 어휘

1945년 8월 15일에 우리 민족은 마침내 일제로부터 독립하여 | 광 복 |을 맞았어요.

그런데 곧 38도선의 남쪽에 | 미 군 |이, 북쪽에 소련군이 들어와 주둔했어요.

모스크바 3국 외상 회의에서 한반도 | 신 탁 | 통 치 |를 결정했어요.

| 미 소 | 공 동 | 위원회의 합의 실패로 한반도 문제는 국제 연합에 넘어갔어요.

국제 연합은 **남북한 총선거**를 결정했지만 소련이 거부했어요.

그래서 1948년 5월 10일 **남한**에서만 따로 | 총 선 거 |를 시행했어요.

뽑힌 국회 의원들은 | 제 헌 | 국 회 |를 구성하고 제헌 헌법을 만들었어요.

제헌 헌법에 따라 대통령을 뽑고 | 대 한 민 국 | 정 부 |를 수립했어요.

✦ 독해

1.
❶ 문단 **광복**   ❷ 문단 **신탁 통치**
❸ 문단 **남한**   ❹ 문단 **대한민국 정부**

2. (1) ✕ (2) ○ (3) ○ (4) ✕

✕표답 풀이
(1) 임시 정부 수립을 논의하기 위해 미소 공동 위원회가 두 차례 열렸으나, 미국과 소련의 의견이 서로 달라 합의를 이루지 못했다.
(4) 1948년 5월 10일, 국회 의원을 뽑기 위한 총선거는 남한에서만 실시하였다.

3. ②

정답 풀이
② 1948년 5월 10일 총선거를 실시하여 이 선거에서 뽑힌 국회 의원들로(㉠) → 제헌 국회를 구성했으며(㉣) → 제헌 헌법을 만들어 7월 17일에 선포했다(㉢). → 제헌 헌법에 따라 국회에서 이승만을 대통령으로 선출하였고(㉤) → 8월 15일 대한민국 정부가 수립되었음을 선포했다(㉥).

4. ②

정답 풀이
② 모스크바 3국 외상 회의에서 한반도에 정부가 수립될 때까지 최대 5년간 신탁 통치를 실시하기로 하였다.

5.

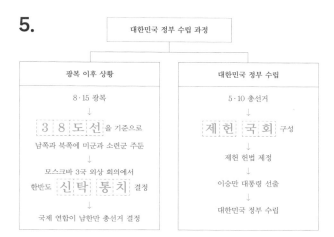

6.

〈조건〉
1. 주어진 낱말을 모두 넣어 쓰세요. (북한, 소련, 위원단, 총선거)
2. 한 문장으로 쓰세요.

국제 연합은 남북한 총선거를 통해 통일 정부를 수립할 것을 결정하고, 이를 위해 선거를 관리할 위원단을 보냈습니다. 그러나 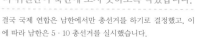 북한과 소련은 남북한 총선거를 반대하며 위원단이 북한에 오지 못하도록 막았습니다.

결국 국제 연합은 남한에서만 총선거를 하기로 결정했고, 이에 따라 남한은 5 · 10 총선거를 실시했습니다.

✦ 어휘

1950년 6월 25일. 북 한 군 이 남한을 침략해 낙동강까지 내려왔어요.

국군과 국제 연합군은 인 천 상 륙 작 전 으로 서울을 되찾았어요.

중 국 군 이 북한군을 도와 개입하면서 국군과 국제 연합군은 다시 후퇴했어요.

밀고 밀리는 전투 끝에 1953년 정 전 협 정 을 맺고 전쟁이 중단됐어요.

6·25 전쟁은 남한과 북한 모두에게 큰 피해를 남겼어요.

국 토 가 황폐해졌고, 건물과 도로 등 시설물이 파괴되었어요.

군인은 물론이고 수많은 민 간 인 이 다치거나 목숨을 잃었어요.

수많은 이 산 가 족 과 전쟁고아가 생겨났어요.

- -

✦ 독해

1. ❶ 문단 북한　❷ 문단 인천 상륙 작전
❸ 문단 중국군　❹ 문단 휴전선
❺ 문단 인명

2. (1) ✕　(2) ○　(3) ✕　(4) ✕

✕표 답 풀이
(1) 1950년 6월에 6·25 전쟁이 시작되었고, 1953년 7월에 정전 협정이 맺어졌다.
(3) 국군과 국제 연합군은 인천 상륙 작전에 성공하여 서울을 되찾았다.
(4) 3년 동안 이어진 6·25 전쟁으로 남한과 북한 모두 크나큰 피해를 입었다.

3. ③

정답 풀이
③ (라) 북한군의 남침 → (가) 인천 상륙 작전 → (나) 중국군의 개입 → (다) 정전 협정 체결의 순서로 6·25 전쟁이 전개되었다.

4. ⑤

정답 풀이
⑤ <보기>에서 1985년 남북한의 이산가족이 처음으로 만난 이후 2018년까지 이산가족 상봉이 21차례 이루어졌다고 되어 있으므로, 전쟁 이후 교류가 있었음을 알 수 있다.

5.

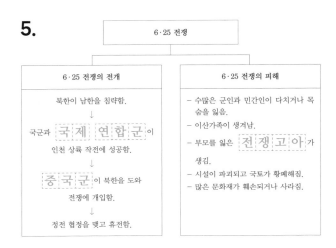

6·25 전쟁

6·25 전쟁의 전개	6·25 전쟁의 피해
북한이 남한을 침략함. ↓ 국군과 국 제 연 합 군 이 인천 상륙 작전에 성공함. ↓ 중 국 군 이 북한을 도와 전쟁에 개입함. ↓ 정전 협정을 맺고 휴전함.	– 수많은 군인과 민간인이 다치거나 목숨을 잃음. – 이산가족이 생겨남. – 부모를 잃은 전 쟁 고 아 가 생김. – 시설이 파괴되고 국토가 황폐해짐. – 많은 문화재가 훼손되거나 사라짐.

6.

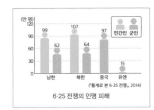

6·25 전쟁의 인명 피해

〈조건〉
1. 주어진 낱말을 모두 활용하여 한 문장으로 쓰세요.
　(6·25 전쟁, 군인, 민간인, 사망)
2. 한 문장으로 쓰세요.

6·25 전쟁으로 군인뿐만 아니라 수많은 민간인이 사망하였습니다.

✦ 융합 독해

1. ③

정답 풀이

③ 1910년대에 일제는 토지 조사 사업을 벌여 신고하지 않은 땅을 조선 총독부가 차지하게 했다. 이에 따라 일제가 소유한 우리나라 논밭이 늘었다. 또한 일제는 더 많은 토지세를 거둬들여 식민 통치에 필요한 자금을 확보할 수 있었다.

2. ⑤

정답 풀이

⑤ 1930년대 후반에 일제는 전쟁에 한국인을 동원하기 위해 '일본과 조선이 하나'라고 여기도록 민족 말살 통치를 실시했다. 이에 따라 한국인이 강제로 외워야 했던 (라) <황국 신민 서사>에는 한국인이 일본의 국민이며, 일본의 왕인 천황에게 충성한다는 내용이 담겨 있었다.

3. ②

정답 풀이

② <보기>에서 설명하는 사건은 을사늑약 체결이다. 을사늑약은 일제가 강제로 맺은 조약으로, 글쓴이는 고종 황제가 거절했으나 일제와 을사오적에 의해 강제로 맺어졌다고 설명하고 있다. 을사늑약이 체결된 시기는 대한 제국이 수립된 이후로, 이 사건을 계기로 고종이 헤이그 특사를 파견했다.

✦ 개념 정리

1. (1) 대한 제국
(2) 독립 협회

2. (1) 을사늑약
(2) 항일 의병 운동

3. (1) 조선 총독부
(2) 대한민국 임시 정부

4. (1) 민족 말살 통치
(2) 조선어 학회

5. (1) 신탁 통치
(2) 총선거

6. (1) 6·25 전쟁
(2) 인천 상륙 작전